Susanne Seethaler

simplify your food

Denn die Rettung der Welt beginnt in der Küche

Das Kochbuch
für ein gutes
Gewissen

BALANCE

Besuchen Sie uns im Internet:
www.knaur.de

© 2018 Knaur Verlag

Ein Imprint der Verlagsgruppe Droemer Knaur GmbH & Co. KG, München

Alle Rechte vorbehalten. Das Werk darf – auch teilweise – nur mit Genehmigung des Verlags wiedergegeben werden.

Redaktion: Désirée Schoen

Foodfotografie: Brigitte Sporrer

Covergestaltung: atelier-sanna.com, München

Coverabbildung: Collage unter Verwendung von Elementen Shutterstock.com: © StudioPhotoDFlorez (Erdbeere, Karotte), © Valentina Razumova (Tomate), © Binh Thanh Bui (Lauch), © Studio KIWI (Salz), © Attika (Basilikum), © Art Stocket (Hintergrund), © Tatiana Davidova (Rechen)

Innenteilfotos, Dekoelemente und Hintergründe: Shutterstock.com

Rezeptfotos: Brigitte Sporrer

Susanne Seethaler: S. 42, 59, 74, 87, 95, 99, 104, 129, 143, 145, 186, 189, 194

Covermaterial: 300 g/m² Circleoffset Premium White

Layout und Satz: atelier-sanna.com, München

Inhaltspapier: 120 g/m² Circleoffset Premium White

Druck und Bindung: DBM Druckhaus Berlin-Mitte GmbH

Printed in Germany

ISBN 978-3-426-67559-5

5   4   3   2   1

Für Dagmar

INHALT

FRÜHLING –
ZEIT DES NEUANFANGS

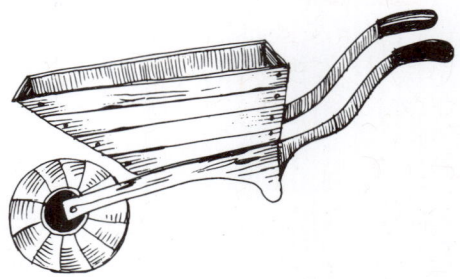

SOMMER –
ZEIT DES LICHTS

HERBST –
ZEIT DER ERNTE

WINTER –
ZEIT DES RÜCKZUGS

ZU DIESEM BUCH

Dieses Buch soll dir als Anregung dienen, dich mehr mit Nachhaltigkeit und dem bewussten Umgang mit Lebensmitteln zu beschäftigen. Es versteht sich von selbst, dass es nicht die ganze Fülle an Informationen, die es zu diesem Thema gibt, abdecken kann. Zudem möchte ich dir auch andere Ansätze, die in Bezug auf das Thema Nachhaltigkeit manchmal außen vor gelassen werden, näherbringen. Deswegen findest du auf den folgenden Seiten unter anderem auch Gedanken zu Mitgefühl, Liebe, Dankbarkeit und generell zu gelebter Spiritualität, deren natürliche Grundlage stets ein bewusster Umgang mit der Natur und der Erde, mit anderen Lebewesen und mit dem eigenen Körper ist.

Du findest in diesem Buch auch Abschnitte zu ein paar traditionellen, überwiegend christlichen Festen im Jahreslauf. Um die Welt retten zu können, sollten wir uns meines Erachtens auch wieder auf eine höhere, göttliche Macht besinnen, deren Grundeigenschaft die universelle Liebe ist. Es ist unglaublich arrogant von uns Menschen, zu denken, dass wir alles unter Kontrolle haben und es zudem auch noch besser wissen. Vielleicht stimmst du mir darin jetzt überhaupt nicht zu, aber es schadet nicht, darüber nachzudenken.

Jedem der vier Jahreszeit-Kapitel steht eine Tabelle mit einer Auswahl an saisonalem Gemüse und Obst vor, allerdings halten sich Pflanzen nicht an menschengemachte Daten wie zum Beispiel den kalendarischen Sommer- oder Winteranfang. Die Übergänge in der Natur sind fließend und lassen sich nicht auf ein Datum festlegen. Im Winter und frühen Frühjahr stehen zusätzlich gelagertes Gemüse und Obst auf der jeweiligen Liste.

HINWEISE ZU DEN REZEPTEN

Die Rezepte in diesem Buch sollen dir auch als Anregung dienen, dich auf Spurensuche in der eigenen Familie und im Bekanntenkreis zu machen. Nicht selten findet sich auf dem Speicher ein von Hand geschriebenes Rezeptbuch der Großmutter, für die es noch ganz selbstverständlich war, saisonal und regional zu kochen – oder es kursieren mündlich überlieferte Rezepte, die endlich notiert und nachgekocht werden wollen.

Überhaupt können wir von dem Wissen anderer nicht nur hinsichtlich eines weisen Umgangs mit der Natur profitieren. Die allgemeine Faszination für Naturvölker, Schamanen oder generell für Menschen, die einen tiefen Bezug zu Flora und Fauna haben, zeigt, wie groß unsere Sehnsucht nach einer intakten Umwelt ist – und dass es ein universelles Wissen um die tieferen Zusammenhänge des Lebens gibt, auf das wir alle Zugriff haben. Wir müssen uns nur wieder daran erinnern.

Egal, welche Ernährungsweise du persönlich in deinem Leben bevorzugst, ob mit Fleisch und Fisch, vegan, vegetarisch, glutenfrei oder von allem in Maßen: Es ist immer wichtig, gut informiert zu sein. Deswegen findest du zu vielen Rezepten kleine Kästchen, in denen die Top-Infos und mitunter auch erschütternde Fakten zum Thema Nachhaltigkeit und »Weltrettung« in Bezug auf die verwendeten Produkte und Lebensmittel stehen. Grundsätzlich gilt aber: **Mach dir selbst ein Bild – und entscheide dann.**

BEVOR ES ANS KOCHEN ODER BACKEN GEHT: Bevor du loslegst, ist es ratsam, sich die einzelnen Rezepte einmal komplett durchzulesen und sich die benötigten Küchengerätschaften griffbereit zurechtzulegen.
Den Backofen vor Gebrauch grundsätzlich vorheizen.
Falls nicht anders angegeben:
• gelten die Zutatenmengen immer für vier Personen,
• beziehen sich die in Löffeln angegebenen Maßeinheiten auf gestrichene Löffel (1 EL = 15 ml / 1 TL = 5 ml),
• handelt es sich bei den Kräutern immer um Frischware.

Tipp: Zum Abschluss noch ein kleiner, aber wichtiger Hinweis vom israelischen Chefkoch Uri Buri in Bezug auf »Simplify your Food«. Er verwendet pro Gericht nie mehr als acht Zutaten, denn nur so, so sagt er sinngemäß, schmeckt man am Ende noch heraus, was man an ursprünglichen Produkten verwendet hat.

BEWUSSTES EINKAUFEN

Das Zubereiten einer Mahlzeit beginnt genau genommen schon beim Einkaufen, und gerade wenn wir bewusst einkaufen wollen und nachhaltig produzierte und biologisch einwandfreie Lebensmittel unseren Speiseplan bestimmen sollen, müssen wir uns vorher gründlich informieren. Dem Internet sei Dank ist es heutzutage viel leichter als früher, an gut recherchierte Informationen zu diversen Produktionsmethoden zu gelangen, aber auch das genaue Nachfragen beim Metzger in der Nachbarschaft oder beim Landwirt auf dem Wochenmarkt ist ein unbedingtes Muss für bewusste Konsumenten.

Meine Freundin Dagmar, der dieses Buch gewidmet ist, ruft auch schon mal bei den Verbrauchertelefonen an, die auf manchen – leider viel zu wenigen! – Lebensmittelverpackungen abgedruckt sind, um sich direkt beim Hersteller darüber zu informieren, ob die Eier denn wirklich von glücklichen Hühnern stammen – so wie es der Aufdruck verspricht.

Ich verwende für meine Rezepte, wo immer es möglich ist, regionale und damit auch saisonale Produkte aus biologischem Anbau. Wenn ich doch einmal auf Importware zurückgreife (z.B. beim Kakao, der nun einmal nicht in Europa wächst, oder Kokosflocken), achte ich darauf, dass sie nach Möglichkeit aus fairem Handel stammen. Daher habe ich bei den Zutaten zu den Rezepten auf den Zusatz »Bio« verzichtet. Er versteht sich für mich von selbst. Zudem schaue ich beim Einkauf darauf, möglichst viele Lebensmittel lose und unverpackt zu kaufen – also beispielsweise nicht die in Plastik eingeschweißten Äpfel.

Selbstverständlich ist es deine Entscheidung, inwieweit du dich meinen Empfehlungen für bewusstes und nachhaltiges Einkaufen anschließen möchtest. Lediglich bei Zitrusfrüchten, von denen die Zesten (also die dünn abgeschälte Schale) verwendet werden, solltest du unbedingt auf Bioware zurückgreifen, weil diese im Gegensatz zu konventioneller Ware nicht mit Pestiziden behandelt wurde.

Unsere Welt erstickt in Plastikmüll. Mittlerweile gibt es in der westlichen Welt erste zaghafte Versuche, Läden und Supermärkte ganz ohne Plastikverpackungen zu etablieren. Mitgebrachte Stofftaschen oder der gute alte Henkelkorb und für loses Gemüse und Obst kleine Papiertüten von zu Hause sind gute Alternativen zur Plastiktüte.

In vielen sogenannten »Dritte-Welt-Ländern« hingegen hat die ach so bejubelte »zivilisierte Welt« altbewährte und durch und durch nachhaltige Verpackungsmaterialien verdrängt und durch Plastik ersetzt. Als junge Frau bereiste ich vor 25 Jahren den gesamten indischen Kontinent. Damals wurde in den Zügen, um nur ein Beispiel von vielen zu nennen, der beliebte Chai ausschließlich in leichten Tonbechern serviert, die man nach Gebrauch einfach aus dem Fenster warf. Die Becher waren nur einmal gebrannt bzw. oft nur an der Sonne getrocknet und dadurch so porös, dass sie beim Aufprall auf der Erde regelrecht zerbröselten; zudem waren sie so leicht, dass niemand durch einen fliegenden Becher verletzt werden konnte. Jahre später gab es dann nur noch weiße Plastikbecher, und die Gleise waren gesäumt von Unmengen an nicht verrottendem Müll, weil die Menschen in den Zügen die leeren Becher wie eh und je einfach aus den Fenstern warfen.

DAS SOLLTEST DU WISSEN

Etwas mehr als sieben Milliarden Menschen leben momentan auf diesem wunderschönen Planeten – und ungefähr 502 Milliarden Plastiktüten sind zurzeit im Umlauf (Stand: 2017). Würde man alle Plastiktüten aneinanderreihen, könnte man damit die Erde angeblich mehr als 4000-mal umwickeln!

Im Jahr 2050 wird ein hoher Prozentsatz der jetzt lebenden Seevogelarten an Plastikmüll verschiedenster Art verendet sein, weil sie sich entweder todbringend in Tüten verheddern oder durch das Schlucken von unverdaulichen Plastikteilen qualvoll sterben. Kleinste Mikroplastikteilchen, die mit bloßem Auge nicht zu erkennen sind, lassen sich mittlerweile sogar schon im menschlichen Organismus nachweisen, und das Verbrennen von großen Mengen an Plastikmüll in den Slums der Dritten Welt verpestet nicht nur die Luft, sondern zieht bleibende Schäden an den Atemwegen, an Haut und Augen der Bewohner, vor allem der Kinder, nach sich.

Nachhaltiges Konsumieren und Einkaufen beinhaltet nicht nur das Nachdenken darüber, woher unsere Lebensmittel stammen und ob sie ökologisch einwandfrei hergestellt wurden – ganz zu schweigen von der Verpackung –, sondern auch ob der Schadstoffausstoß, den sie durch ihren Transport indirekt mitproduziert haben, nicht viel zu hoch ist! Deswegen liegt das Hauptaugenmerk eines nachhaltigen Lebensstils in Sachen Ernährung weitestgehend auf saisonalen und regionalen Produkten.

Doch das Ganze sollte noch einen Schritt weiter gehen und auch ein Umdenken in unserem eigenen Verhalten hinsichtlich der Wege, die wir beim Einkaufen zurücklegen, bewirken. Kann ich auf mein Auto verzichten und stattdessen das Fahrrad nehmen, um kleinere Einkäufe zu erledigen? Kann ich mich für Großeinkäufe mit Nachbarn zusammentun oder eine Fahrgemeinschaft gründen?

Fazit: Die Ausrede »Ich alleine kann doch sowieso nichts ändern!« gilt nicht mehr. Jeder Einzelne von uns steht in der Verantwortung, und jeder noch so kleine Beitrag wird sich früher oder später positiv auswirken. Außerdem geht es mittlerweile nicht mehr nur darum, sich gesund zu ernähren, um dem Körper Gutes zu tun, sondern auch um den ökologischen Fußabdruck, den jeder von uns hier auf Erden hinterlässt, zu verkleinern. Der Dalai Lama hat einmal sinngemäß gesagt, wenn wir immer noch daran glauben, dass wir als Einzelne nichts bewirken können, dann sollten wir an einen einzigen Moskito nachts in unserem Schlafzimmer denken.

DIE »ALLES-VERWERTER«

Im vorhergehenden Abschnitt habe ich bereits über den Verpackungswahn, besonders in Bezug auf Plastik, gesprochen. Dadurch werden Unmengen von Müll produziert, der eine große Bürde für unseren Planeten darstellt. Ein Teil des Abfalls wird zwar recycelt und damit wiederverwertet, aber wir alle haben bei diesem Thema sofort auch gigantische, schwelende Müllberge, verunreinigte Meere und nicht wiedergutzumachende Schäden an Mensch und Natur vor Augen.

Die gigantischen Müllberge unserer modernen Zeit zeugen auch von einer großen Verschwendungssucht – und zwangsläufig von einem Überangebot an Waren in den reichen Ländern dieser Welt. Denn wir werfen leider auch Dinge weg, die wir im Grunde noch verwenden könnten. Vor allem in Hinsicht auf Lebensmittel kommt erschreckend viel in den Abfall, was eigentlich noch genießbar ist. Angefangen bei den Supermärkten, die ganze Paletten von essbaren Produkten in den Müll wandern lassen, weil das hierzulande geltende Mindesthaltbarkeitsdatum überschritten ist.

DAS SOLLTEST DU WISSEN
Beim Mindesthaltbarkeitsdatum (MHD) handelt es sich nicht um das Verfallsdatum, deswegen sind die meisten Lebensmittel auch nach dem Ablauf des MHD noch eine Zeit lang genießbar. Du kannst also in der Regel bedenkenlos Waren kaufen, deren MHD bald abläuft; dadurch trägst du dazu bei, dass Lebensmittel nicht sinnlos weggeworfen werden.

Das Entsorgen von noch genießbaren Lebensmitteln wird aber nicht nur von Supermärkten und anderen Händlern praktiziert, auch Privathaushalte, also wir Verbraucher, werfen viel zu viel weg. So wirklich bewusst wurde mir das erstmals, als ich vor einiger Zeit wieder einmal meine nepalesische Familie besuchte. Ich helfe dieser Familie seit ein paar Jahren, ein kleines Waisenhaus zu betreuen, und bin deshalb öfter vor Ort. Mittlerweile bin ich als Familienmitglied voll integriert, was auch bedeutet, dass ich unserer Amma, der Großmutter des Hauses, tatkräftig beim Kochen helfe.

Eines Tages half ich also Amma beim Zubereiten des Abendessens: Reis, Linsen und ein einfaches Gemüsecurry. Ich kippte reichlich Sojaöl aus einer Art Plastiktüte in die Pfanne und warf die nun leere Tüte mit Schwung in den Abfalleimer. Doch so schnell konnte ich gar nicht schauen, da hatte Amma die Tüte auch schon wieder aus dem Eimer gefischt und mich missbilligend am Arm gezupft.

»Öl ist sehr kostbar«, gab sie mir kopfschüttelnd zu verstehen, und dann folgte eine liebevolle Belehrung darüber, wie man auch den letzten Tropfen Öl aus solch einer Tüte in eine bereitstehende Schale pressen kann, um es noch zu verwenden. Amma rollte die Tüte, ähnlich wie eine Zahnpastatube, sorgfältig und langsam in Richtung Öffnung, und siehe da, golden glänzende Öltropfen kamen zum Vorschein.

Ich kann mich noch sehr gut daran erinnern, wie ich mich schämte, denn ich hatte für kurze Zeit schlichtweg vergessen, dass ich mich gerade in einem sehr armen Land befand, in dem viele Menschen nur eine einzige Mahlzeit am Tag haben. Meine eigenen Wohlstands-Konditionierungen hatten mir ein Schnippchen geschlagen.

DAS SOLLTEST DU WISSEN

Mehr als die Hälfte der Weltbevölkerung muss mit weniger als zwei Euro pro Tag auskommen. Über eine Milliarde Menschen, darunter viele Kinder, können sich meist nur eine oder höchstens zwei Mahlzeiten am Tag leisten. Diese Mahlzeiten haben nicht selten einen zu geringen Anteil an Kalorien und Nährstoffen, um auf Dauer gesund davon leben zu können. Alle zehn Sekunden stirbt ein Kind an Unterernährung – auch jetzt gerade!

Ammas Demonstration mit der Öltüte, so klein sie auch war, war für mich eine Art Augenöffner, aber noch bewusster wurde mir die ganze Misere der Lebensmittelverschwendung, als ich 2010 erstmals in einem zenbuddhistischen Kloster als Küchenhilfe arbeitete. Zenmönche und -nonnen sind im wahrsten Sinne des Wortes »Alles-Verwerter«; sie haben die hohe Kunst der Resteverwertung beim Kochen meines Erachtens zur Vollendung gebracht. Aber auch in allen anderen Bereichen des alltäglichen Klosterlebens gilt Nachhaltigkeit ganz selbstverständlich als eine hohe Tugend.

Doch zurück in die Küche. Schon am ersten Tag fiel mir der extrem kleine »Komposteimer« neben der Arbeitsfläche auf, an der ich gemeinsam mit zwei Nonnen schweigend arbeitete. Das Kloster zählte zu jener Zeit ca. 120 Bewohner, Ordinierte wie Laien, die täglich dreimal verköstigt wurden. In jeder Regelküche, die ich bis dato von innen kennengelernt hatte, fiel bei dieser Anzahl an Gästen jede Menge biologischer Abfall an. Nicht in diesem Kloster.

Bevor ich mich ans Schälen und Schneiden der Gemüseberge machte, bekam ich eine Einweisung von der Küchenchefin: Nach dem Waschen der verschiedenen Gemüsesorten, einschließlich der Zwiebeln, kamen die anfallenden Schalen und Enden (mit Ausnahme von Kartoffelschalen, die an die Schweine, die auf dem Gelände lebten, verfüttert wurden) kunterbunt zusammengeworfen in eine große bereitgestellte Schüssel. Später dann, zwischen Mittagessen und dem Vorbereiten des Abendessens, köchelten diese »Abfälle« in einem riesigen Topf mit Wasser sachte vor sich hin. Die daraus entstandene Brühe, abgeschmeckt mit Salz und Pfeffer, Sojasoße und frischen Kräutern und Gewürzen aus dem Garten, bildete die Grundlage vieler Suppen in der Klosterküche.

An anderen Tagen hingegen mussten wir die jeweiligen Schalen getrennt voneinander in verschiedene Schüsseln geben. Nachdem alle anderen Arbeiten erledigt waren und das Essen serviert worden war, hackten wir diesen »Abfall« mit einem Wiegemesser ganz fein – fast schon zu Mus – und mischten diejenigen miteinander, die am besten zusammenpassten. Möhren mit Roter Bete, Zucchini mit Pastinake oder Knollensellerie mit Lauch. Dann strichen wir diese Mischungen hauchdünn auf mit Backpapier ausgelegte Bleche und rösteten das Ganze bei Niedrigtemperatur zwei bis drei Stunden im Ofen. Abgekühlt und mit Salz und ein paar getrockneten Kräutern in Gläser abgefüllt, hatten wir dann wunderbare »Würzsalze« für unsere Gerichte – und da in den Schalen sowieso die meisten Vitamine und Nährstoffe stecken, taten wir auch noch etwas Gutes für unsere Gesundheit.

Tipp: Gemüsereste und -schalen verleihen übrigens nicht nur Suppenbrühen ein herrliches Aroma, sondern machen sich auch besonders gut in Fleischmarinaden (siehe Französischer Rinderschmortopf, S. 180).

Im Laufe der letzten Jahre hatte ich noch mehrmals die Gelegenheit, in verschiedenen Klöstern und Meditationszentren zu kochen, und jedes Mal war ich aufs Neue davon begeistert, wie sorgfältig und vor allem wie konsequent nachhaltig in diesen Küchen gearbeitet wird. In Sachen Verwertung und Weiterverarbeitung kann man sich dort wahrhaft weiterbilden und sehr viel dazulernen.

In zwei reifen
Avocados stecken
ca. 1500 l Wasser

Unsere westliche Welt lebt im Überfluss, denn in Bezug auf Nahrungsmittel haben wir immer die Möglichkeit und auch stets die freie Wahl, uns gesund zu ernähren, und können vieles ausprobieren: vegan, vegetarisch, glutenfrei, ohne Zucker usw. Ärmere und benachteiligte Bevölkerungsschichten bzw. Menschen in den sogenannten »Dritte-Welt-Ländern« hingegen haben es in vielen Fällen schwer, überhaupt genug zu essen zu bekommen, und sehr oft steht ihnen nicht einmal sauberes Trinkwasser zur Verfügung.

Überhaupt bedeutet Nachhaltigkeit für mich persönlich, sich auch klar zu machen, dass der Wohlstand unserer westlichen Welt auf dem Rücken sehr viel ärmerer Länder erwirtschaftet wird. Wer nachhaltig wirtschaftet, lässt seine Produkte nicht in Billiglohnländern zu schlechten Arbeitsbedingungen produzieren. Und wer diese Produkte kauft, unterstützt die Ausbeutung und das Leid jener Menschen, die unter solchen Bedingungen arbeiten müssen.

DER TAG, AN DEM ICH AVOCADO UND ANANAS LINKS LIEGEN LIESS

Wir leben in einer Zeit, die immer schnelllebiger und automatisierter wird. Der tiefe Bezug zur Natur, zur direkten Umwelt, zu den Pflanzen und Tieren auf diesem Planten, geht dadurch nach und nach verloren. Zudem herrscht ein großes Ungleichgewicht auf unserer Erde:

DAS SOLLTEST DU WISSEN

Während einer einzigen Autowäsche in der Waschstraße wird viel mehr Wasser verbraucht, als manche Menschen in von Dürre geplagten »Drittweltländern« ihr ganzes Leben lang zur Verfügung haben.

Bei vielen wird der Wunsch nach Einfachheit, nach einer intakten Umwelt und nach einem bewussteren und nachhaltigen Leben im Einklang mit der Natur immer größer. Auch die Sehnsucht nach spirituellen Inhalten, nach Mitgefühl, Menschlichkeit, Herzenswärme und Weisheit nimmt zu, auch wenn es momentan den Anschein hat, dass die Welt um uns herum in Terror und Chaos versinkt. Viele Menschen beginnen umzudenken, sie ernähren sich gesünder, kümmern sich besser um ihren Körper und beschäftigen sich zudem mit Meditation, Yoga oder anderen Methoden der Geistesschulung.

Um ein friedvolles und im wahrsten Sinne des Wortes »genährtes« Leben in jeglicher Hinsicht führen zu können, müssen wir uns zum einen auf unsere Spiritualität (egal, wie diese im Einzelnen aussieht) und zum anderen auf eine Lebens- und Ernährungsweise im Einklang mit der Natur und den Lebewesen um uns herum besinnen. Nur so werden wir wieder zu den erdverbundenen, freundlichen, innerlich erfüllten, mitfühlenden und freien Wesen, die wir im Grunde unseres Herzen sind – und immer schon waren.

Eines meiner – vielen! – Schlüsselerlebnisse, die dazu führten, mich mehr und mehr auf einfache, ökologisch einwandfreie und vor allem regionale Produkte und Lebensmittel zu fokussieren, war ein Artikel über den Anbau von Avocados in einer namhaften deutschen Zeitung. Die Avocado ist demnach eine anspruchsvolle und sehr empfindliche Pflanze, die einen enormen Aufwand an Zeit und Energie braucht, um zu wachsen. In zwei reifen Avocados stecken 1500 Liter Wasser. Zum Vergleich: Ein Salatkopf braucht ca. 130 Liter, bis er voll ausgereift ist. Die Erde, in der der Avocadobaum steckt, muss vorher gesiebt werden, denn seine Wurzeln sind so empfindlich wie die sprichwörtliche »Prinzessin auf der Erbse«; kein Steinchen darf ihnen den Weg versperren. Überhaupt wächst die Avocado nicht einfach von alleine drauflos, das Pflänzchen braucht im Jungstadium eine Wirtspflanze, auf die es »aufgepfropft« wird. Die Früchte des Baums, also die Avocados an sich, werden unreif geerntet und in riesigen Hallen mit Ethan »begast«, und da sie genauso zimperlich wie die Wurzeln sind, müssen sie wie rohe Eier transportiert werden, nämlich einzeln in extra Verpackungsmaterial eingewickelt, das sie vor den Nachbar-Avocados in der Kiste schützt. Druckstellen sind der »Tod« einer jeden Avocado. Es versteht sich von selbst, dass diese »Königin des Superfoods«, wie sie heutzutage auch bezeichnet wird, nicht in heimischen Gefilden wächst; ihre Anbaugebiete befinden sich auf der Südhalbkugel unseres Planeten. Sie muss also eingeflogen werden. Auf den »un-ökologischen Fußabdruck«, den sie dadurch hinterlässt, muss ich wohl nicht extra hinweisen.

Überhaupt denken wir in Sachen »Superfood«, einem Trend, der momentan in »aller Munde« ist, oft viel zu wenig nach. Die meisten dieser »Wunder-Lebensmittel« werden von weit her importiert und in ihren Ursprungsländern oftmals unter großem Aufwand in Monokulturen angebaut. Dabei könnten wir leicht auf heimische Produkte zurückgreifen, die oft den gleichen, wenn nicht sogar in manchen Fällen einen höheren Nährstoffgehalt haben als ihre Konkurrenten aus Übersee.

DAS SOLLTEST DU WISSEN

Den hohen Eiweißgehalt von Quinoa findet man hierzulande zum Beispiel in simplem Vollkornbrot. Die geballte Ladung an Spurenelementen und Vitamin C der exotischen Gojibeere wird von Sauerkraut, Brokkoli und der Schwarzen Johannisbeere bei Weitem übertroffen. Und die gesunden ungesättigten Fettsäuren der Avocado sind auch in kalt gepresstem Olivenöl reichlich vorhanden.

Nach dem Lesen des Artikels war ich wie vom Donner gerührt, dabei wusste ich auch schon von vielen anderen Lebensmitteln, wie sie angebaut oder produziert werden – und was für ein enormer Schaden für die Umwelt damit oft einhergeht. Doch dieses Mal hatte ich das Gefühl, als würde ich nach langem Schlaf endlich wachgerüttelt werden.

Als ich Stunden später im Supermarkt um die Ecke zum Einkaufen ging, ließ ich so bewusst wie nie zuvor in meinem Leben die Avocados, die schön präsentiert in einem Weidenkorb direkt am Eingang lagen, links liegen. Und als ich Sekunden später Ananas in Hülle und Fülle zum Sonderpreis entdeckte, griff ich auch da, entgegen meiner Gewohnheit, nicht zu, obwohl ich diese Frucht wirklich sehr liebe.

Seitdem habe ich weder Avocado noch Ananas gegessen – und ich vermisse beides auch nicht wirklich. Du wirst in diesem Buch übrigens auch kein Reisgericht finden. Dafür Pasta, denn Weizen wird in unseren Breitengraden angebaut – im Gegensatz zu Reis, der immer importiert werden muss, wenn auch manchmal nur aus dem europäischen Ausland. Zudem kann man Nudeln auch selber machen.

Ein paar importierte Zugeständnisse habe ich dennoch gemacht: Da sind unter anderem Zitronen, die in der Regel ja auch von weit her kommen, wenn auch nicht aus Übersee, aber ich habe ein Zitronenbäumchen auf dem Balkon, das mir hin und wieder eine seiner kostbaren Früchte schenkt – quasi der lebende Beweis, dass Zitronen nicht nur im Süden gedeihen. Im Winter-Kapitel habe ich hin und wieder Orangen verwendet, mich aber überwiegend darin geübt, Alternativen zu finden.

Außerdem benutze ich gerne Olivenöl; ich habe noch kein anderes Öl gefunden, das diesem im Geschmack gleichkommt. Bei uns wachsen keine Olivenbäume, aber immerhin muss das Öl nicht aus Übersee importiert werden. In Sachen Zucker aus Zuckerrohr findest du in manchen Rezepten Hinweise auf andere Süßungsmittel, wie Honig, Birkenzucker oder Zucker aus der heimischen Zuckerrübe. Auf manche Gewürze, wie zum Beispiel Pfeffer, kann man in der Küche schwer verzichten, ich habe aber versucht, mich auch da weitestgehend zu beschränken und wo es möglich war, Alternativen in Form von Kräutern zu finden; so manches Kraut, wie beispielsweise Petersilie, schmeckt durchaus leicht pfeffrig. Auch in der Weihnachtszeit kommt man schwer um exotische Gewürze und südländische Früchte, wie beispielsweise Zimt und Zitrusfrüchte, herum, und obwohl ich eine große Meersalz-Liebhaberin bin, habe ich, zugegebenermaßen schweren Herzens, in diesem Buch (bis auf eine einzige Ausnahme) darauf verzichtet.

Du wirst auf den folgenden Seiten also immer wieder mal ein paar »Ausnahmen« finden, aber im Großen und Ganzen beschränken sich die Zutaten der Rezepte auf regionale und saisonale Produkte aus biologisch einwandfreier Herstellung.

Bevor du dich nun, hoffentlich voll freudiger Erwartung, ans Schmökern und Kochen machst, möchte ich dir noch kurz meine Freundin Dagmar vorstellen, der dieses Buch gewidmet ist und die ich diesbezüglich oft um Rat fragen durfte. Dagmar ist meine beste Freundin, und im Grunde »schulde« ich ihr dieses Buch schon seit Langem. Seit wir uns kennen, erstaunt mich immer wieder, mit welcher Konsequenz sie versucht, in Sachen Ernährung biologisch, gesund und vor allem saisonal zu leben.

Natürlich beschränken sich ihre Bemühungen nicht nur auf das Essen, denn sie versucht, sich in allen Bereichen ihres Lebens so nachhaltig und ökologisch korrekt wie nur irgend möglich zu verhalten. Das schließt ihre Familie und den Freundeskreis mit ein, und sie wird nicht müde, uns wieder und wieder diesbezüglich auf unsere Fehler hinzuweisen. In den Anfangsjahren unserer Freundschaft habe ich sie, ich schäme mich heute noch dafür, milde belächelt, aber nach und nach habe ich viel von ihr gelernt, und heute weiß ich ihr Engagement sehr zu schätzen. Danke, liebes Daschilein, dass du nie aufgehört hast, mich zu missionieren!

DIE RETTUNG DER WELT BEGINNT IN DER KÜCHE

Den meisten von uns ist sicher bewusst, dass ein Umdenken in Sachen Ernährung, vor allem auch bei der Herstellung von Lebensmitteln und bei der Aufzucht von Tieren, die für den Verzehr bestimmt sind, stattfinden muss – und bei vielen Menschen, Verbrauchern wie Produzenten, zum Teil auch schon stattgefunden hat. Die Rettung der Welt beginnt also genau genommen nicht erst in der Küche, aber ein bewusster und nachhaltiger Umgang mit den Produkten, die wir beim Kochen verarbeiten, hört eben auch nicht in der Küche auf. Ich möchte im Folgenden drei Aspekte zu diesem Thema aufführen, die beim Zubereiten von Gerichten, aber auch bei der Herstellung von Lebensmitteln oft vergessen werden. In den einzelnen Kapiteln findest du später dann noch weitere Grundgedanken, wie beispielsweise Mitgefühl, Teilen, Verzicht oder Dankbarkeit, die nicht nur für das Arbeiten in der Küche, sondern generell dazu beitragen können, unser individuelles »Erdenbewusstsein« zu sensibilisieren und dadurch unseren Planeten Erde wieder zu einem gesunden und schönen Ort für alle Lebewesen zu machen.

Doch zunächst noch ein Wort zur Nachhaltigkeit, einem »Schlagwort«, das heutzutage ständig gebraucht wird, dessen genaue Definition viele aber gar nicht kennen. Das hat jedenfalls eine private Umfrage aufgezeigt, die ich in meinem Freundeskreis durchgeführt habe. Eines ist jedoch von vornherein klar: Je mehr Menschen nachhaltig produzieren und konsumieren, desto größer ist die Chance für uns alle, dass sich Mutter Erde vom bisherigen Missbrauch und Raubbau wieder erholt.

Beim Kochen, sprich beim Essen und Trinken, geht es natürlich hauptsächlich um Konsum. Wollen wir unseren Alltag insgesamt nachhaltiger gestalten, müssen wir unser Konsumverhalten aber in all unseren Lebensbereichen einer genauen Prüfung unterziehen. Das geht allerdings nur, wenn wir ehrlich zu uns selber sind und die Bereitschaft mitbringen, tiefer zu schauen. Achtsamkeit, Bewusstheit und Wertschätzung helfen beim Aufdecken alter persönlicher Konditionierungen, auch in Bezug auf unser Konsumverhalten, und bringen wieder mehr Dankbarkeit und Mitgefühl in unseren Alltag.

DAS SOLLTEST DU WISSEN

Nachhaltigkeit bezeichnet ein ökologisches, ökonomisches und friedvolles Handeln jedes Einzelnen zum Wohle aller und zum Wohle unseres Planeten. Nachhaltigkeit bezieht sich auf alle Lebensbereiche und fordert uns auf, unsere alten, eingefahrenen Muster permanent zu überdenken. Ein Leben im Sinne von Nachhaltigkeit ist sich des großen Ganzen und seiner Zusammenhänge bewusst. Dieses Wissen zieht zum Beispiel, um nur einen Aspekt von vielen zu nennen, einen bewussten, achtsamen und energiesparenden Umgang mit unseren natürlichen Ressourcen auf Erden nach sich. Die natürliche Konsequenz von nachhaltigem Wirtschaften und Konsumieren ist ein gesundes und in sich ausbalanciertes Ökosystem.

Achtsamkeit

Der Begriff Achtsamkeit ist heutzutage nahezu in aller Munde und bedeutet, vereinfacht ausgedrückt, das bewusste und vor allem wertfreie Erfahren und Erleben der inneren und äußeren Welt durch unsere Sinne.

Die innere Welt steht für Gefühle, Gedanken und alle Körperempfindungen, die im Licht der Achtsamkeit bewusst und ohne Abwehr betrachtet werden können. Unsere äußere Welt setzt sich aus den Dingen zusammen, die wir sehen, tasten, hören, schmecken und riechen können. Beobachten wir diese Vorgänge achtsam, also so neutral wie möglich, dann erkennen wir, genau wie beim Betrachten der inneren Welt, unsere konditionierten Muster. Wir lernen, wo wir an Dingen anhaften bzw. wo wir festhalten und was wir ablehnen und nicht haben wollen.

Erleben wir zum Beispiel achtsam einen schönen Sonnenuntergang, dann können wir erkennen, wie tief in uns drinnen vielleicht der Wunsch entsteht, dieser wunderbare Augenblick möge nie vorübergehen. Bemerken wir morgens beim Aufstehen, dass es draußen vor dem Fenster wie aus Eimern regnet, dann kann uns die Achtsamkeit bewusst machen, wie wir negativ darauf reagieren und in der Folge plötzlich miese Laune bekommen.

Bringen wir Achtsamkeit in die Küche, dann beginnen wir, jede Handbewegung und jeden Arbeitsschritt aufmerksam zu verfolgen, und erkennen dabei unsere Blockaden und Gedankenmuster. Gleichzeitig gelangen wir durch das achtsame Beobachten immer häufiger ins berühmte »Hier und Jetzt« und können dadurch weisere Entscheidungen im gegenwärtigen Augenblick fällen.

Der achtsame Umgang mit Lebensmitteln lässt uns wiederum weicher und mitfühlender werden, denn durch das intensive Wahrnehmen der Produkte mit unseren Sinnen sehen, fühlen, schmecken und riechen wir die Tomate oder den Fisch buchstäblich genauer, und wir verstehen intuitiv besser, wie dieses Produkt entstanden ist. Sehen wir die pralle, glatte Haut einer leckeren, sonnenreifen Tomate und riechen ihren krautigen Duft, dann geht unser Herz damit in Resonanz und wir erkennen, dass es optimale Lebensumstände und kundige Hände braucht, damit eine Tomate sich voll und ganz entfalten kann.

Bewusstheit

Sobald wir damit beginnen, Achtsamkeit in unser Leben fließen zu lassen, werden wir auch automatisch bewusster. Weisheit und tiefes Verstehen darüber, was die Welt in ihrem Kern ausmacht und zusammenhält, beginnen zu wachsen, und wir erkennen bereits im Alltäglichen das Prinzip von Ursache und Wirkung, das allem zugrunde liegt. Wenn wir bewusster werden, werden wir auch neugieriger; wir möchten den Dingen auf den Grund gehen. Bewusstheit schließt also auch das gezielte Einholen von Informationen ein, sei es in Form von Büchern, anderen seriösen Medien oder im persönlichen Gespräch mit Fachleuten. In Bezug auf unsere Ernährung beginnen wir also, uns »schlau zu machen«, um ein möglichst detailliertes Gesamtbild zu bekommen. So erfahren wir mehr über das jeweilige Produkt – wo es herkommt, wie es produziert wurde usw. –, lernen aber auch zeitgleich unseren Körper besser kennen, indem uns bewusst wird, was er mag, was er verträgt und was ihm vielleicht nicht bekommt.

Wertschätzung

Wertschätzung ist meines Erachtens eng mit Dankbarkeit (die wir im Herbst-Kapitel noch genauer beleuchten werden) verbunden und kann sich nur entwickeln, wenn das Herz offen ist – und das eigene Herz öffnet sich nur dann, wenn wir beginnen, die Welt, egal ob Mensch, Tier oder Ding, achtsam und mitfühlend zu betrachten. Es mag komisch klingen, aber wir können sogar für scheinbar leblose Dinge Mitgefühl bzw. liebevollen Respekt entwickeln. Mein Lehrer und Kochfreund Edward Espe Brown, der viele Jahre als Chefkoch in Amerika – sowohl in einem Zenkloster als auch später in seinem eigenen Restaurant in San Francisco – gearbeitet hat, erzählt gerne von jenem alten Esstisch im Kloster, dessen Tischplatte er jahrelang nach den Mahlzeiten von Krümeln befreite, um anschließend das dunkle Holz mit einem feuchten Lappen abzuwischen. Zenmönche und -nonnen gehen generell sehr sorgfältig mit Alltagsgegenständen um, und Edward bildete da keine Ausnahme. Aber eines Tages wurde ihm plötzlich bewusst, wie viel dieser alte Tisch im wahrsten Sinne des Wortes schon »getragen« hatte und dass er jeden Tag aufs Neue schweigend darauf wartete, den Menschen zu dienen, indem er ihnen geduldig einen sicheren Platz für ihr Essgeschirr auf seiner Platte darbot. Von da an verbeugte sich Edward jedes Mal, bevor er sich daranmachte, den Tisch abzuwischen – und manchmal begrüßte er ihn auch mit ein paar liebevollen Worten, wie einen guten alten Freund.

FLEISCH, WILD UND FISCH

Vegane und vegetarische Ernährungsweisen sind auf dem Vormarsch, keine Frage, und dennoch gibt es auch Menschen, die weiterhin tierische Produkte essen wollen. In den USA, genauer in Kalifornien, das in den vergangenen Jahren oft zukunftsweisend in Sachen Ernährungstrends war, habe ich bereits vor zwei Jahren, sowohl in Restaurants und Cafés als auch auf den regionalen Märkten, bemerken können, dass sich der Lebensmittelkonsum wieder, neben Eiern, Käse und anderen Milchprodukten, zaghaft in Richtung Fleisch, Wild und Fisch orientiert. Dabei wird auf regionale und vor allem saisonale Produkte großer Wert gelegt, und so rücken auch wieder Jagd- und Schonzeiten für Wild – und wildem Fisch – sowie traditionelle Schlachttage bei gezüchtetem Vieh in den Fokus des Verbraucherbewusstseins. Man lebt wieder mehr im Rhythmus und im Einklang mit der Natur.

Bestimmte Wildfleischsorten sind auch bei uns nicht das ganze Jahr über verfügbar, denn freilaufendes Wild unterliegt Schonzeiten, an die sich die Jäger streng halten müssen. Fisch darf während der jeweiligen Laichzeit grundsätzlich nicht geangelt werden, und in früheren Zeiten hielt man sich in Bezug auf das Schlachten der eigenen Hoftiere an die bereits erwähnten Schlachttage (siehe nachstehende Tabellen mit den Jagdzeiten bzw. den traditionellen Schlachttagen),

die mitunter eng mit dem christlichen Kalender verknüpft waren.

Hinzu kommt, dass wir durch den jederzeit möglichen Zugriff auf Informationen (vor allem durch das Internet) heutzutage ganz genau wissen, was es an Energie und Wasser kostet, um ein Tier schlachtreif zu bekommen. Je mehr wir über die Produktion von Fleisch wissen, desto verantwortungsvoller können wir beim Einkaufen im Hinblick auf Bioware und regionale Hersteller entscheiden und umso bewusster wird uns, wie wichtig es ist, maßvoll zu essen und zu konsumieren – nicht nur im Hinblick auf Fleisch.

Während der Jagdzeit schmeckt das Fleisch der Wildtiere natürlich am besten, denn dann ist es frisch. Außerhalb der Jagdzeit, während der sogenannten Schonzeit, greift man in der Regel auf tiefgefrorenes Wild zurück.

JAGDZEITEN FÜR WILDTIERE

Geflügel: Rebhuhn – 1. September bis 15. Dezember
Fasan – 1. Oktober bis 15. Januar
Wildente – 1. Oktober bis 15. Januar (Stockente – 1. September bis 15. Januar)
Hase: Feldhase – 1. Oktober bis 15. Januar
Kaninchen – ganzjährig
Wildschwein: Erwachsene Tiere – 16. Juni bis 31. Januar
Frischlinge und Überläufer (Jung- und zweijährige Tiere) – ganzjährig
Rotwild: Kalb – 1. August bis 28. Februar
Schmalspießer (männliches einjähriges Tier) – 1. August bis 28. Februar
Schmaltier (weibliches einjähriges Tier) – 1. Juni bis 31. Januar
Damwild: Kalb – 1. September bis 28. Februar
Schmalspießer – 1. Juni bis 31. Januar
Schmaltier – 1. Juli bis 31. Januar
Hirsch – 1. September bis 31. Januar
Rehwild: Kitz – 1. September bis 28. Februar
Schmalreh (weibliches einjähriges Reh) – 1. Mai bis 31. Januar
Ricke (weibliches mehrjähriges Reh) – 1. September bis 31. Januar
Bock – 1. Mai bis 15. Oktober

DAS SOLLTEST DU WISSEN

Obwohl das Reaktorunglück in Tschernobyl (am 26. April 1986) nun schon Jahrzehnte zurückliegt, ist die Strahlenbelastung in manchen südlichen Gebieten Deutschlands nach wie vor hoch. Nicht selten werden Wildtiere geschossen, deren Strahlenbelastung derart die unbedenklichen Werte übersteigt, dass das Fleisch sofort als Sondermüll entsorgt werden muss.

Anders als Pilze, die in dieser Hinsicht leider oft allzu sorglos von Wanderern gesammelt und zubereitet werden, wird jedes erlegte Wild in gefährdeten Gebieten grundsätzlich auf mögliche radioaktive Strahlung getestet. Vor allem das Fleisch von Wildschweinen ist häufig oberhalb der Grenzwerte radioaktiv verseucht.

Auch Fische dürfen nicht das ganze Jahr über gefangen werden. Während der Laichzeiten bleiben sie vor den Angelruten und Netzen der Angler und Fischer geschützt – erst zu den jeweiligen Fangzeiten darf in den Bächen, Flüssen und Seen gefischt werden.

LAICHZEITEN DER HÄUFIGSTEN HEIMISCHEN SÜSSWASSERFISCHE

Hecht – Februar bis Ende Mai
Karpfen – Anfang Mai bis Ende Juli
Bachforelle – Anfang Oktober bis Ende Dezember
Renke – Anfang November bis Ende Dezember
Saibling – Anfang Oktober bis Ende Dezember
Seeforelle – Anfang Oktober bis Ende Dezember
Zander – Anfang April bis Ende Juni

Das Hausschlachten war früher auf dem Land – nicht nur in meiner bayerischen Heimat – weit verbreitet. Es fand ausschließlich im Herbst und Winter (ab Mitte November bis Anfang Februar) statt, damit das frische Fleisch nicht gleich wieder verdarb, bevor es mittels Pökeln, Verwursten, Räuchern und anderer Techniken zur Haltbarmachung weiterverarbeitet werden konnte. Die meisten Bauern schlachteten zwei- bis dreimal während dieser Zeit. Schlachttage waren regelrechte Festtage mit uralten überlieferten Ritualen, an denen die ganze Familie zusammenkam. Meist kamen auch die Nachbarn hinzu, um tatkräftig zu helfen und anschließend ausgiebig zu feiern.

Beim Hausschlachten ließ man sich viel Zeit und war sich dabei sehr bewusst, dass ein Lebewesen sein Leben gab, damit man selbst weiterleben konnte. Deswegen dankte man dem Tier, indem man ausnahmslos alles von ihm – vom Fleisch über das Blut und die Innereien bis hin zu Haut, Fell sowie Hörnern und Hufen – verwertete und weiterverarbeitete und nichts wegwarf. Traditionelles Schlachten mit eigenen Regeln wird heute noch weltweit im Rahmen vieler Religionen praktiziert.

TRADITIONELLE SCHLACHTTAGE IN MEINER BAYERISCHEN HEIMAT

11. November (Martinstag): Traditioneller Schlachttag für Gänse bzw. Geflügel
21. Dezember (Thomastag): »Saustichtag« – in früheren Zeiten wurde an diesem Tag das Schwein für den weihnachtlichen Braten geschlachtet.
Der Beginn der 40-tägigen Fastenzeit vor Ostern war gleichzeitig auch das Ende der Schlachtzeit.

DAS SOLLTEST DU WISSEN

Nicht Rind oder Schwein oder die oben aufgeführten Wildfleischsorten, sondern Hühnerfleisch ist seit jeher das beliebteste Fleisch der Deutschen. Auch in vielen anderen Ländern steht das Huhn seit Jahren auf der Beliebtheitsskala in Sachen Fleischverzehr ganz oben.

Nachdem die erschreckenden Bilder von getöteten männlichen Küken erstmals 2014 landesweit zu sehen waren, wurden in manchen Regionen eigens Hähnchen-Mastbetriebe gegründet, in denen die verschmähten Hähne weiterleben und artgerecht bis zur Schlachtreife aufwachsen dürfen. Das männliche Geschwister des weiblichen »Turbohuhns«, das normalerweise sofort nach dem Schlupf getötet wird, setzt deutlich langsamer Fleisch an als herkömmliche Tiere, deswegen dauert die Aufzucht ein paar Monate länger und ist dadurch auch kostenintensiver. In der ökologischen Tierzucht werden diese Hähne »Bruderhähne« genannt; du bekommst sie im gut sortierten Naturkostfachhandel.

Für die Aufzucht von Bio-Hühnern, egal ob »Bruderhahn« oder ganz normales Huhn, gelten unter anderem folgende Regeln:

- Sitzstangen und Einstreu in den Ställen sind Pflicht, genauso wie ganze Getreidekörner im Futter.
- Die Schnäbel dürfen nicht gekürzt werden.
- Pro Quadratmeter Stall dürfen nicht mehr als sechs Tiere gehalten werden – dazu kommen vier Quadratmeter Auslauf pro Tier.
- Keine vorbeugende Gabe von Antibiotika.
- Der Geflügelzüchter muss über genügend Ackerfläche verfügen, um sie mit dem Mist der Hühner zu düngen. Dadurch wird Überdüngung vermieden und das Grundwasser vor Nitrat geschützt.

DIE ERNÄHRUNGS-PYRAMIDE

Für eine gesunde und ausgewogene Ernährung braucht es nur sieben »Zutaten«; unser Körper liebt es also von Natur aus einfach, sprich »simpel«. Die sogenannte »Ernährungspyramide« wird meistens schon den Kindern in der Schule gezeigt, aber es schadet nicht, sich noch mal »schwarz auf weiß« vor Augen zu führen, worauf es beim gesunden Kochen und Essen und hinsichtlich einer ausgewogenen Ernährung ankommt:

Wasser: Unser Körper besteht zum größten Teil aus Wasser, deshalb ist Wasser auch das Fundament der Ernährungspyramide. Rund 1,5 Liter sollten wir täglich trinken, vorrangig Wasser und ungesüßte Kräuter- oder Früchtetees.

Obst und Gemüse: Den ersten Stock der Pyramide nehmen Obst und Gemüse ein. Jeden Tag sollten wir davon fünf Portionen verzehren. Dabei liegt das Hauptaugenmerk auf frischer und saisonaler Ware, damit der Körper optimal mit Vitaminen, Mineralien und Ballaststoffen versorgt wird.

Getreide: Im zweiten Stock befindet sich das Getreide. Besonders Vollkorngetreide, das reich an Mineral- und Ballaststoffen ist, ist wichtig für die Gesundheit des Körpers. Der Tagesbedarf an Getreide wird beispielsweise mit einer Portion Nudeln bzw. Reis oder mit drei Scheiben Brot gedeckt.

Milchprodukte, Fleisch, Fisch und Eier: Eine Etage über dem Getreide rangieren Lebensmittel, die wir nicht täglich zu uns nehmen müssen, um gesund zu bleiben. Im Gegenteil, bei Fleisch (dazu zählt auch Wurst) und Eiern genügen pro Woche drei Portionen. In kleinen Mengen sind Fleisch, bevorzugt fettarm, und Eier wichtige und gute Lieferanten von Eisen und Eiweiß. Fisch darf dagegen gerne öfter auf dem Tisch landen, denn er enthält Jod und vor allem wertvolle Omega-3-Fettsäuren.

Von den Milchprodukten, die sich mit Fleisch, Fisch und Eiern das dritte Stockwerk teilen, sollten täglich drei Portionen, zum Beispiel in Form von einem Glas Milch, einer Scheibe Käse und einem Becher Joghurt, verzehrt werden.

Mir ist natürlich bewusst, dass im Zeitalter von veganer Ernährung, die für viele Menschen immer wichtiger wird, Milchprodukte in unserer Gesellschaft nicht mehr denselben Stellenwert wie einst haben, aber in der klassischen Ernährungspyramide nehmen sie immer noch einen wichtigen Platz als Kalziumlieferanten ein.

Öle und Fette: Den vorletzten Platz auf der Pyramide nehmen Öle und Fette ein. Sie sind wichtige Lieferanten von Vitamin E, das zum Schutz unserer Zellen benötigt wird. Zudem versorgen sie uns mit Energie. Der Tagesverbrauch sollte allerdings zwei Esslöffel Pflanzenöl oder 20 Gramm Butter nicht übersteigen.

Süßes: An der Spitze der Pyramide stehen Süßigkeiten, salzige Knabbereien und Zucker. Sie bilden zwar kein Tabu, sollten aber nur in kleinen Mengen und eher selten gegessen werden.

blütenweich – Birkengrün – Neubeginn – Vogelflaum – knospenzart

Windhauch – Sonnenfingerstrahlen – Wolkenschäfchen

FRÜHLING

Zeit des Neuanfangs

OBST: Äpfel und Birnen (gelagert), Erdbeeren, Frühkirschen, Heidelbeeren, erste Johannisbeeren, Rhabarber

GEMÜSE: Blattsalate, Blumenkohl, frühe Bohnen, Chicorée, Erbsen, Frühkartoffeln, Kartoffeln (gelagert), Kohlrabi, verschiedene Kohlsorten, Mangold, Möhren, Radieschen, Rote Bete, Rucola, Spargel, Spinat, Zuckerschoten, Zwiebeln

KRÄUTER: Bärlauch, Estragon, Kerbel, Minze, Petersilie, Schnittlauch

NEUBEGINN

Das Frühjahr ist der Inbegriff für einen Neubeginn. Die Natur erwacht aus ihrem Winterschlaf und alles beginnt zu keimen und zu sprießen. Kälte und Schnee ziehen sich zurück, und die Vorfreude auf frisches, saisonales Gemüse wird immer größer.

Meine Großmutter ist fast hundert Jahre alt, und sie hat mir im Rahmen meiner Recherchen für dieses Buch von früher erzählt. Sie wuchs, 1919 geboren, zwischen zwei Weltkriegen auf. Eine Zeit, in der die Menschen wenig hatten und viele sogar hungern mussten. Während der strengen Winter damals hatte ihre Mutter eingelegtes Gemüse sowie Kartoffeln und Äpfel in ihrer Speisekammer eingelagert, und dennoch wurde das Essen zum Frühjahr hin stets knapp. Ihr Vater, sprich mein Urgroßvater, kam schwer krank aus dem Ersten Weltkrieg zurück und überlebte die Geburt seiner kleinen Tochter nur um drei Wochen. Hätte meine Urgroßmutter nicht schon lange vor dem Krieg eine kleine Gartenparzelle gepachtet, dann wäre das Überleben der kleinen Familie nach dem Tod des Ehemannes kaum gesichert gewesen. Jedes Jahr, wenn der Frühling Einzug hielt, wurde damals dieser kleine Gemüsegarten neu bestellt, und noch heute hat meine Großmutter – wohl in Erinnerung an die kargen Zeiten – eine fast schon kindliche Freude an den ersten Frühgemüsesorten des Jahres.

Heutzutage hingegen, mit unseren überquellenden Supermärkten, die zu jeder Jahreszeit frische Waren aus aller Herren Länder feilbieten, haben wir stets auf alles Zugriff – egal ob beispielsweise der Spargel bei uns gerade Saison hat oder nicht. Doch aus eigenem Erleben heraus weiß ich, wie schön es ist, sich, genau wie meine Oma, auf ganz spezielle Gemüseoder Obstsorten zu freuen, die nur zu bestimmten Zeiten im Jahreslauf gedeihen. Spargel, Erdbeeren oder Rhabarber bekommen dadurch wieder eine ganz andere Bedeutung.

NACHGEDACHT
Das Frühjahr ist traditionell auch die beste Zeit zum Entschlacken und Entgiften des Körpers. Nicht von ungefähr fällt in unseren christlich geprägten Breitengraden wohl auch die längste Fastenzeit des Jahres, das vierzigtägige Fasten vor dem Osterfest, in den Frühling. Nach den langen Wintermonaten möchte unser Körper Fett abbauen und wieder aktiv werden. Dabei helfen, neben Sport und viel Bewegung im Freien, entschlackende und entgiftende Lebensmittel in Form von frischen Gemüsesorten und Kräutern, die nebenbei auch noch den Vitaminhaushalt auf Vordermann bringen.

EINFACHHEIT UND VERZICHT

Seit einigen Jahren ist in unserer Gesellschaft eine tiefe Sehnsucht nach dem sogenannten »einfachen Leben« zu erkennen. Neue Magazine, die das idyllische Leben auf dem Land zum Thema haben – und es sehr oft auch über die Maßen romantisieren –, schießen wie Pilze aus dem Boden. Je schneller sich die Welt dreht und je unsicherer wir uns aufgrund von Kriegen und Terror, die unseren Planeten heimsuchen, fühlen, desto mehr sehnen sich manche von uns nach der Natur, nach Schlichtheit, Frieden, Verzicht und Ruhe.

Fünf Jahre lang ging meine Schwester Michaela mitsamt Hühnern, einem Schwein, Kühen und Kälbern im späten Frühling hinauf in die bayerischen Berge, um dort oben den Sommer über ein einfaches und durchaus auch hartes Leben als Sennerin zu führen. Jeden Tag stand sie noch vor Morgengrauen auf, um die Kühe zu melken, bevor sie sie auf die Weide trieb. Sie erfuhr am eigenen Leib, wie viel Kraft, Arbeit und Sorgfalt es braucht, um Butter und Käse von Hand herzustellen, und wie schwierig es ist, Gemüse angesichts unberechenbarer Wetterumschwünge großzuziehen. Sie lernte, mit wenig auszukommen und sich über die kleinen Dinge zu freuen: ein frisch gelegtes Ei im Hühnerstall, eine erntereife Paprikaschote, die geschützt vor Wind und Regen an der warmen Hauswand gewachsen war, das hellgelbe Stück Butter auf der frisch gebackenen Brotscheibe, für das sie stundenlang das Butterfass gedreht hatte, bis ihr die Armmuskeln brannten wie loderndes Feuer. All diese Erfahrungen ließen sie demütiger, aber auch sehr viel bewusster und dankbarer dem Leben gegenüber werden.

NACHGEDACHT

Auch wenn es uns aufgrund unserer aktuellen Lebens- oder Arbeitssituation vielleicht nicht möglich ist, eine Auszeit in den Bergen bzw. in der Natur zu nehmen, können wir uns auch im normalen Alltag in Bescheidenheit und Einfachheit üben. Bewusst auf etwas zu verzichten kann zudem noch richtig Spaß machen, weil zum Beispiel die Vorfreude auf die zeitlich begrenzte Spargel- oder Erdbeerzeit doch im Grunde die schönste Freude ist! Und nichts spricht gegen den Versuch, auch in der Stadt wenigstens ein bisschen im Einklang mit der Natur zu leben, indem wir beispielsweise unseren Balkon mit Kräutern und Balkongemüse begrünen und die Bauern auf dem Wochenmarkt in unserem Viertel unterstützen, indem wir regionale und saisonale Produkte bei ihnen einkaufen.

MITGEFÜHL

In einem Kochbuch wie diesem, das auch Fleisch- und Fischrezepte enthält, ist es meines Erachtens geradezu Pflicht, sich mit Mitgefühl zu beschäftigen. Aber nicht nur das Töten von Tieren, das nun mal notwendig ist, um frisches Fleisch überhaupt verzehren können, auch die artgerechte Haltung und Aufzucht der Lebewesen sollte dabei nicht außer Acht gelassen werden. Hinzu kommt, dass viele Tiere abgesehen von ihrem Fleisch zusätzliche »Lebensmittellieferanten« sind. Milch und Milchprodukte sowie Eier kommen von lebendigen Wesen, die in herkömmlichen Betrieben nicht selten unter Bedingungen vor sich hin vegetieren, die einem nahezu das Herz brechen. Was also tun? Nun, die einzig logische Konsequenz ist natürlich der Verzicht auf derart produzierte Ware.

Wollen wir aber weiter Fleisch essen und überhaupt tierische Produkte konsumieren, dann müssen wir uns mit dem Leid der Tiere und der Art der Herstellung von diversen Produkten beschäftigen. Und diese ernsthafte Auseinandersetzung, indem wir uns in erster Linie umfassend informieren, wird früher oder später zu einem bewussteren Konsumverhalten führen, das unter anderem auch von Mitgefühl geprägt ist.

Es ist wichtig, sich während der folgenden Meditation das Leid und die oft schlimmen Umstände, unter denen Tiere gehalten werden, zu vergegenwärtigen, um wirkliches Mitgefühl zu entwickeln.

NACHGEDACHT

Im Buddhismus wird dem Mitgefühl eine eigene Meditationsübung gewidmet. Ein mitfühlendes Herz ist der Garant für Empathie und Liebe im Leben. Diese Meditation basiert auf bestimmten »Leitsätzen« bzw. Wünschen, die man sich im Stillen immer wieder vorsagt, egal ob man nun auf einem Meditationskissen sitzt oder gerade im Bus zur Arbeit fährt. Durch das häufige Wiederholen beginnt sich das Herz ganz automatisch zu öffnen. In Hinblick auf das Leid von Tieren, die, in welcher Weise auch immer, dazu bestimmt sind, uns Menschen als Nahrung zu dienen, kannst du folgende vier Wünsche formulieren:

Mögen alle Tiere, die für uns Menschen zum Verzehr grossgezogen und geschlachtet werden, ein gutes und artgerechtes Leben führen. Mögen sie ihr Leben lang Wertschätzung und Liebe erfahren. Mögen diese Tiere frei sein von Leid und Schmerz – auch im Angesicht ihres Todes. Mögen alle Lebewesen, egal ob Mensch oder Tier, zu Lebzeiten glücklich sein.

GURKENLIMONADE MIT HOLUNDERSIRUP, MINZE UND ZITRONE

VEGAN/GLUTENFREI

Selbst gemachte Limonade schmeckt herrlich erfrischend und ist schnell zubereitet. Die Idee stammt von Toni, dem Besitzer eines kleinen Cafés, in dem ich oft nach dem wöchentlichen Einkauf auf dem Markt einen Cappuccino trinke, bevor ich mich mit meinem vollgepackten Korb auf den Heimweg mache. Tonis Café verfügt nur über sechs Sitzplätze entlang eines Tresens. Auf diesem Tresen steht in einer Ecke auch immer ein großer Krug hausgemachte Limonade, aus dem sich die Gäste kostenlos bedienen dürfen. Je nach Jahreszeit variieren die Zutaten, aber mit dieser Gurken-Minz-Limonade startet Toni jedes Jahr in den Frühling.

ZUBEREITUNGSZEIT:
ca. 5 Minuten
+ 30 Minuten Kühlzeit, damit die Limonade gut durchzieht

ZUTATEN
1 l kaltes Wasser – du kannst auch Sprudelwasser nehmen
Saft von ½ Zitrone – evtl. mehr, je nach Geschmack
1–2 TL Holundersirup (bekommst du im Bioladen) – wahlweise Honig
¼ Salatgurke, geschält, halbiert und von den Kernen befreit – das geht am besten mit einem Esslöffel, mit dem du die Kerne leicht ausschaben kannst
1 Prise Salz
2 Zweige frische Minze, gewaschen und trocken getupft

AUSSERDEM: großer Krug, Küchenbrett, Nudelholz

~~~~~~~~~~~~~~~~~~~~~~~~~

ZUBEREITUNG
Das kalte Wasser in einen großen Krug füllen. Zitronensaft und Holundersirup zugeben und gut verrühren, bis sich der Sirup aufgelöst hat.
Die beiden entkernten Gurkenhälften auf ein Brett legen und mit einem Nudelholz sanft »schlagen«, bis etwas Saft austritt. Leicht salzen und ca. 5 Minuten ruhen lassen. Dann die Gurkenhälften in dicke Scheiben (Halbmonde) schneiden. Gurkenscheiben und Minze ins Zitronen-Holundersirup-Wasser geben. Den Krug abdecken und für 30 Minuten zum Durchziehen in den Kühlschrank stellen.

ENTGIFTENDER FRÜHLINGSTEE

VEGAN/GLUTENFREI

Das Rezept zu diesem Tee, der im Frühjahr getrunken wird, um den Körper nach den langen Wintermonaten zu entgiften – genau genommen reinigt er vor allem die Leber –, habe ich vor vielen Jahren für ein Buch recherchiert, in dem es um altes bäuerliches Heilwissen ging. Dieser Tee sollte vier bis fünf Wochen lang dreimal täglich getrunken werden.

ZUBEREITUNGSZEIT:
ca. 15 Minuten

ZUTATEN
(FÜR 1 GROSSEN BECHER)
¼ l kaltes Wasser
2 EL frische junge Löwenzahnblätter, gewaschen, trocken getupft und grob gehackt

AUSSERDEM: kleiner Topf, feinmaschiges Sieb, Trinkbecher oder große Tasse

ZUBEREITUNG
Kaltes Wasser und Löwenzahnblätter zusammen in einen kleinen Topf geben und kurz zum Kochen bringen. Anschließend die Hitze auf kleine Flamme reduzieren und bei geschlossenem Deckel 10 Minuten sieden lassen.
Zum Servieren durch ein feinmaschiges Sieb in einen Teebecher abgießen. Heiß trinken.

TIPP: Es ist wichtig, den Tee in kleinen, langsamen Schlucken zu trinken, damit sich seine Heilkraft bestmöglich entfalten kann.

FRÜHLINGSBUTTER: BÄRLAUCH, KERBEL UND ZITRONENSCHALE

VEGETARISCH/GLUTENFREI

Ich liebe es, Kräuterbutter selbst herzustellen, denn es geht schnell, ist supereinfach und das Ergebnis immer sensationell. Du findest in jedem Kapitel eine besondere Jahreszeiten-Butter, aber ich möchte dich auch dazu ermutigen, selbst kreativ zu werden. Meines Erachtens gibt es in Sachen »Kräuterbutter« unzählige verschiedene Variationen, denn je nachdem, wo du dich auf der Welt befindest, kannst du andere regionale Kräuter und Gewürze unter deine Butter mischen. Im Winter-Kapitel findest du auch noch eine kleine »Liebeserklärung« zum Thema Butter (siehe Extra: Butter und Brot auf S. 187).

ZUBEREITUNGSZEIT:
ca. 10 Minuten
+ ca. 2 Stunden Kühlzeit

ZUTATEN
150 g weiche Butter – du kannst auch 250 g Butter verwenden (in dem Fall die Kräutermenge entsprechend erhöhen und einen Teil der Kräuterbutter zur späteren Verwendung einfrieren)
1 EL Bärlauch, gewaschen, trocken getupft und fein gehackt
2 EL Kerbel, Blätter gewaschen, trocken getupft und fein gehackt

Zesten von ½ Zitrone – Schale vorab unter fließendem heißem Wasser abwaschen (Zesten von 1 Zitrone bei 250 g Butter)
Salz

AUSSERDEM: mittelgroße Schüssel, Rührgerät mit Knethaken (wahlweise Küchenmaschine), Frischhaltefolie

ZUBEREITUNG
Die Butter in eine Schüssel oder in die Küchenmaschine geben und cremig schlagen. Kräuter und Zitronenzesten zugeben und gut unterrühren. Mit Salz abschmecken.
Die Frühlingsbutter gleichmäßig auf einem Stück Frischhaltefolie verteilen und zu einer Rolle formen. So verpackt in den Kühlschrank legen und ca. 2 Stunden erkalten lassen.
Bei Bedarf portionsweise in Scheibchen schneiden und als Brotaufstrich oder zu Fisch und Fleisch servieren.

TIPP: Statt Bärlauch und Kerbel kannst du auch frischen Estragon und Petersilie verwenden.

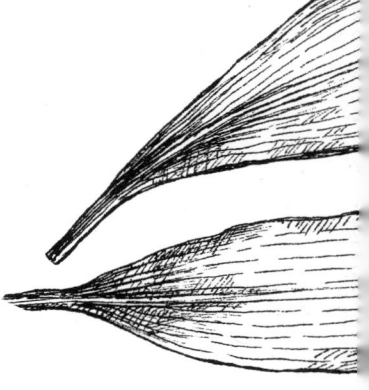

FRÜHLINGSDRESSING: KRÄUTER, BUTTERMILCH UND RAPSÖL

VEGETARISCH/GLUTENFREI

Im Rahmen einer Recherche über traditionelles bäuerliches Heilwissen verbrachte ich viele Stunden auf abgelegenen Bergalmen und einsamen Bauernhöfen, um die Menschen nach ihren Hausmitteln zu befragen. Davon ist mir noch lebhaft eine alte Sennerin in Erinnerung, die auf eine »Leber-Frühlingskur« schwor, die sie auf ihrer einsamen Alm selbst »erfunden« hatte. Das hier vorgestellte Dressing, das du für knackige Blattsalate, aber auch super zu Gurkensalat verwenden kannst, erinnert mich an das Rezept der betagten Frau. Sie trank jeden Morgen einen halben Liter Buttermilch – frisch von der Kuh, versteht sich bzw. nach dem Separieren der Milch –, in die sie Honig, ein paar Tropfen Pflanzenöl und die zerquetschten Samen einer Salatgurke gab. Diese Mixtur, ein paar Wochen lang täglich getrunken, soll die Leber reinigen und entgiften.

ZUBEREITUNGSZEIT:
ca. 5 Minuten

ZUTATEN
80 ml Buttermilch
ca. 2–3 EL Rapsöl
1 TL Honig
2–3 EL Weißweinessig
1 Bund Schnittlauch, gewaschen, trocken getupft und in feine Röllchen geschnitten
2 EL Dill, gewaschen, trocken getupft und fein gehackt
Salz und frisch gemahlener Pfeffer

AUSSERDEM: Messbecher, mittelgroße Schüssel, Gabel

ZUBEREITUNG
Buttermilch, Rapsöl und Honig in eine mittelgroße Schüssel geben und mit einer Gabel gut verrühren, bis eine homogene Masse entstanden ist und sich der Honig aufgelöst hat.
Den Weißweinessig unterrühren.
Schnittlauch und Dill unterheben und das Dressing abschließend mit Salz und frisch gemahlenem Pfeffer abschmecken.
Das Dressing mit dem Salat deiner Wahl anrichten.

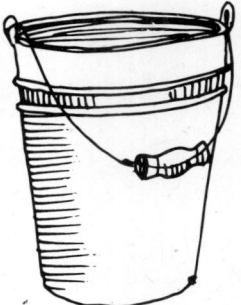

FRÜHLINGSSUPPE: SCHARFE SAUERKRAUT-SUPPE ZUM ENTSCHLACKEN

VEGAN/GLUTENFREI

Dieses Rezept kommt bewusst ohne Kohlenhydrate aus und kann deswegen auch als »Diätsuppe« eingesetzt werden. Ausnahmsweise wird hier auch Ingwer, die Wunderknolle aus Übersee, verwendet. Ingwer hilft beim Entschlacken und stärkt die Abwehrkräfte des Körpers. Genau wie Chili, der zweite »Scharfmacher« in dieser Suppe, der zudem auch noch als Antikrebsmittel gehandelt wird.

Das Sauerkraut steckt voller Vitamin C, wonach der Körper nach einem langen, kalten Winter geradezu lechzt. Und weil zu Beginn des Frühlings auf den Feldern noch nichts zu holen ist, greifen wir in Sachen Gemüse auf Möhren, Lauch, Knollensellerie und Pastinake zurück – in Form von Suppengemüse, das man als fertiges Paket auch in Bioqualität ganzjährig im Supermarkt kaufen kann.

Die Suppe kommt übrigens eher einem Eintopf gleich und geht locker als Hauptgericht für vier Personen durch.

ZUBEREITUNGSZEIT:
ca. 35 Minuten

ZUTATEN

2 EL Rapsöl – wahlweise Sonnenblumen- oder Distelöl

1 kleine Zwiebel, geschält und fein geschnitten

ca. 3 cm Ingwer, geschält und fein geschnitten

1 frische rote bzw. grüne Chilischote, gewaschen und in feine Ringe geschnitten – Kerne entfernen, wenn du es nicht ganz so scharf magst

2 getrocknete Lorbeerblätter

ca. 400 g Suppengemüse, gewaschen, geschält und in mundgerechte Stücke geschnitten, den Lauch in Ringe geschnitten – im Supermarkt fertig abgepackt erhältlich; beim Gemüsehändler oft als »Bündel«, mit Bindfaden umwickelt, so vermeidest du Plastikmüll

100 ml Weißwein

1 kg frisches Sauerkraut – wahlweise aus der Dose

1 säuerlicher Apfel (z.B. Boskop oder Elstar), gewaschen, vom Kerngehäuse befreit und in mundgerechte Stücke geschnitten

1,2 l Gemüsebrühe

½ TL gemahlener Kümmel

1 TL Paprikapulver

1 TL getrockneter Majoran – wahlweise 2 TL frischer Majoran, gewaschen, trocken getupft und fein gehackt

frisch gemahlener Pfeffer

evtl. Salz

evtl. 1 EL Honig

AUSSERDEM: großer Topf, Gabel

ZUBEREITUNG

Das Rapsöl in einem großen Topf erhitzen. Zwiebel, Ingwer, Chilischote und Lorbeerblätter darin ca. 2 Minuten anbraten. Das Suppengemüse zugeben und ca. 3 Minuten unter Rühren mit anbraten.

Mit Weißwein ablöschen. Die Hitze auf mittlere Flamme reduzieren. Das Gemüse bei geschlossenem Deckel 5 Minuten köcheln lassen.

Das Sauerkraut mit einer Gabel auflockern, dann zum Gemüse in den Topf geben. Den Apfel zugeben und unterrühren. Mit der Gemüsebrühe ablöschen. Kümmel, Paprikapulver und Majoran zugeben und unterrühren. Auf kleiner Flamme und mit geschlossenem Deckel 15 Minuten köcheln lassen.

Die Suppe mit frisch gemahlenem Pfeffer abschmecken. Eventuell salzen. Abschließend Honig zugeben, falls dir die Suppe zu sauer ist.

TIPP: Du kannst diese Suppe auch als »Entschlackungskur« einsetzen, indem du dich drei Tage hintereinander ausschließlich davon ernährst. Dazu über den Tag verteilt diverse Kräutertees und viel Wasser, eventuell mit etwas Fruchtsaft gemischt, trinken.

LAUWARMER SALAT VON GRÜNEM SPARGEL MIT KRÄUTER-EI-SENF-VINAIGRETTE

VEGETARISCH/OHNE EI VEGAN

Dieses Rezept ist simpel und schmeckt dennoch ungewöhnlich raffiniert. Die Kombination aus Spargel, frischen Kräutern und hart gekochten Eiern symbolisiert in meinen Augen den Frühling.

Eine Freundin, die ich mittlerweile leider aus den Augen verloren habe, hat mir dieses Gericht vor vielen Jahren serviert. Liebe Cornelia, falls dir dieses Buch irgendwann einmal per Zufall in die Hände fällt, dann bedanke ich mich hiermit ganz herzlich bei dir!

ZUBEREITUNGSZEIT:
ca. 20 Minuten

ZUTATEN
Für die Vinaigrette
1 TL Dijonsenf
3–4 EL Rapsöl
1–2 EL weißer Balsamicoessig
Salz und frisch gemahlener Pfeffer
50 g Kerbel, gewaschen und trocken geschüttelt
½ Bund Schnittlauch, gewaschen, trocken getupft und in feine Röllchen geschnitten
½ Bund glatte Petersilie, gewaschen, trocken getupft und fein gehackt
½ Bund Dill, gewaschen, trocken getupft und fein geschnitten

4 gekochte Eier, gepellt und grob gehackt

Für den Spargel
(für 4 Personen als Vorspeise)
1 TL Salz
20 g Butter
½ TL Zucker
1 kg grüner Spargel, gewaschen und die holzigen Enden abgeschnitten

AUSSERDEM: mittelgroße Schüssel, großer Topf, Schaumkelle, große Platte zum Anrichten

~~~~~~~~~~~~~~~~~~~

ZUBEREITUNG
Zuerst die Vinaigrette zubereiten. Dazu Dijonsenf, Rapsöl und weißen Balsamicoessig in einer mittelgroßen Schüssel gut verrühren und mit Salz und frisch gemahlenem Pfeffer abschmecken.
Alle Kräuter und die gehackten Eier unterheben und gegebenenfalls noch mal mit Senf, Salz und Pfeffer abschmecken. Beiseitestellen.
Reichlich Wasser in einem großen Topf zum Kochen bringen. Salz, Butter und Zucker zugeben und den Spargel darin ca. 6 Minuten gar kochen. Die Stangen sollten noch leicht bissfest sein.
Mit einer Schaumkelle aus dem Wasser heben, abtropfen lassen und auf einer großen Platte anrichten.
Die Kräuter-Ei-Senf-Vinaigrette großzügig auf dem warmen Spargel verteilen und sofort servieren. Dazu frisches Baguette!

EXTRA: EIER

Manchmal trifft man auf Menschen, die einem die Augen für etwas öffnen, das man sonst leicht übersieht – weil es allzu alltäglich ist, weil man dem generell wenig Bedeutung beimisst oder weil es im Verborgenen liegt. Das kann ein banaler Gegenstand sein oder eine schöne Landschaft, in der man sich täglich bewegt, sodass ihre Schönheit aus Gewohnheit nicht mehr wahrgenommen wird.

Isabell ist die Schwägerin meiner besten Freundin Dagmar. Sie ist ein ganz besonderer Mensch und lebt seit Kurzem in einem Heim für geistig behinderte Menschen. Ihr Blick auf die Welt ist der einer Sechsjährigen – ein kleines Mädchen, das im Körper einer erwachsenen Frau steckt. Isabell hat ihr gesamtes bisheriges Leben auf dem Hof ihres Stiefvaters verbracht, und als dieser kürzlich starb, ist sie, liebevoll betreut von Dagmar und ihrer Familie, ins Heim umgezogen.

Isabell war immer von Tieren umgeben. Gemeinsam mit ihrem Stiefvater versorgte sie Schafe, Hunde und Hühner auf dessen Bauernhof, und auch in ihrem neuen Zuhause, das an einen Landwirtschaftsbetrieb mit Kühen, Schweinen, Ponys und Federvieh angegliedert ist, ist sie von tierischen Zwei- und Vierbeinern umgeben. Doch ihre ganze Liebe galt und gilt bis heute den Hühnern bzw. deren Eiern.

Eier waren für Isabell schon immer etwas sehr Kostbares. Im Zusammenleben mit ihrem »Vati« war sie für das Einsammeln, das Verpacken und auch für den Verkauf der Eier zuständig. Eier sind für diese kleine, quirlige Frau auch heute noch ein steter Quell der Freude und ein Liebesbeweis zugleich, denn es vergeht kein Besuch bei ihr – egal ob damals auf dem Hof oder jetzt im Heim –, ohne dass dem Gast eine Schachtel frischer Eier mit auf den Heimweg gegeben wird.

»Hast du noch Eier zu Hause?«, fragt sie eifrig und mit ihrer unverkennbar lispelnden Stimme bei ihrem täglichen Telefonat mit Dagmar. »Und frag auch die Susanne, ob sie wieder Eier braucht«, schiebt sie dann meist noch hinterher. Sie verschenkt gerne Eier, aber auch das Eiergeld, das sie während all der Jahre auf dem Hof ihres Stiefvaters eingenommen hat und das sie später in Süßigkeiten, Spielfilme auf DVD und Limonade verwandelte, war für sie immer etwas Besonderes.

Heute steht auf dem Gelände des Stifts, in dem sie nun lebt, ein moderner Eierautomat, aus dem man sich die Eierpackungen, nach dem Einwurf von Münzen, wie Zigaretten ziehen kann. Er ist stets das wichtigste Besichtigungsobjekt, zu dem Isabell jeden ihrer Besucher voller Stolz führt, aber eigentlich würde sie viel lieber selbst die Eier verkaufen, denn neben den Eiern liebt Isabelle den Kontakt mit Menschen über alle Maßen.

DAS SOLLTEST DU WISSEN

Mittlerweile werden weltweit sogenannte »Turbohühner« gezüchtet, die im Jahr
mehr als 300 Eier legen. Die einzige Auf-
gabe der weiblichen Tiere ist also die Eierproduktion, ein artgerechtes Leben unter
ihresgleichen mit viel Auslauf im Freien,
so wie auch Isabell das von den Hühnern
auf dem Hof ihres Stiefvaters und im Stift
kennt, ist ihnen verwehrt.

»Normale« Hühner stellen während des
Winters die Eierproduktion nahezu ein
– erst im Frühjahr, um Ostern herum,
wird wieder jeden Tag gelegt. In früheren
Zeiten kamen deswegen im Winter ausschließlich eingelegte Eier auf den Tisch.

Die männlichen Küken in der professio-
nellen »Turbohuhn-Produktion« werden,
wie bereits an anderer Stelle erwähnt,
am ersten Tag nach dem Schlüpfen durch
Vergasen oder·Schreddern vernichtet. Im
deutschen Tierschutzgesetz steht, dass
keinem Tier ohne vernünftigen Grund
Leid, Schmerz oder Schäden anderer Art
zugefügt werden dürfen. Und Rendite ist
eben kein vernünftiger Grund, Tiere zu
quälen oder sie, wie im Fall der männlichen Küken, auf schreckliche Weise zu
töten. 50 Millionen sogenannter »Ein-
tagsküken« landen jährlich auf dem Müll.
Indem du Bio-Eier aus wirklich artgerech-
ter Haltung (siehe Fleisch, Wild und Fisch,
S. 26) kaufst, trägst du deinen Anteil dazu
bei, Leiden zu verringern.

KOHLRABI-SPINAT-LASAGNE

VEGETARISCH

Junger Kohlrabi zählt zu meinen Lieblingsgemüsen, und am allerliebsten esse ich ihn roh! Die knackige Zartheit eines frisch geernteten Kohlrabis ist für mich durch nichts zu übertreffen – ausgenommen junge grüne Erbsen, ebenfalls frisch aus der Schale! Im Grunde ist es also, jedenfalls meines Erachtens, fast schon eine Schande, Kohlrabi zu kochen, aber dieses Lasagne-Rezept hat mich dann doch überzeugt. Es stammt ursprünglich aus Italien, ist aber mittlerweile eines meiner Standardrezepte geworden und wurde dementsprechend à la Susanne umgestylt.

ZUBEREITUNGSZEIT:
ca. 50 Minuten
+ ca. 40–45 Minuten Backzeit

ZUTATEN
Für den Spinat
1 EL Olivenöl
1 Schalotte, geschält und fein geschnitten – wahlweise eine kleine Haushaltszwiebel
1 Knoblauchzehe, geschält und fein geschnitten
180 g (= Abtropfgewicht) in Öl eingelegte getrocknete Tomaten, abgetropft, mit Küchenkrepp abgetupft und in feine Streifen geschnitten
1 kg frischer Blattspinat, gründlich gewaschen und abgetropft – du kannst auch TK-Spinat verwenden, den du vorab auftaust und mit der Hand durch ein Sieb leicht auspresst
Salz und frisch gemahlener Pfeffer

Für den Kohlrabi
50 g Butter
1 großer Kohlrabi (ca. 350 g), vom Grün befreit (nicht wegschmeißen, denn Kohlrabiblätter schmecken super als Salat, vermischt mit diversen Blattsalaten), geschält, halbiert und in
dünne Spalten bzw. schmale Scheiben (ca. 2–3 mm) geschnitten
2 gehäufte EL Weizenmehl (Type 405)
100 ml Weißwein (z.B. Chardonnay oder Pinot Grigio)
800 ml fettarme Milch
2 getrocknete Lorbeerblätter
5–6 getrocknete rote Pfefferkörner – wahlweise Wacholderbeeren
1 gehäufter TL körnige Gemüsebrühe
Salz und frisch gemahlener Pfeffer
1 Prise gemahlene Muskatnuss
Lasagneblätter (werden meistens in Packungen zu 500 g verkauft – verbleibende Nudeln gut verpacken und trocken lagern)
1 Packung (= 125 g) Mozzarella, in kleine Würfel geschnitten

AUSSERDEM: großer Topf (in den meisten Haushalten gibt es nur einen wirklich großen Topf, nimm also am besten den Topf, in dem du den Spinat zubereitet hast, auch für den Kohlrabi), Sieb, Kochlöffel, mittelgroße Schüssel, Schneebesen, mittelgroße Auflaufform

ZUBEREITUNG

Zuerst den Spinat zubereiten. Dazu das Olivenöl in einem großen Topf erhitzen. Schalotte und Knoblauch zugeben und 1–2 Minuten dünsten. Die getrockneten Tomaten zugeben und unter Rühren ebenfalls 1–2 Minuten anbraten.

Die Hitze auf mittlere Flamme reduzieren. Den Spinat portionsweise in den Topf geben und unter Rühren »zusammenfallen« lassen. 2 Minuten köcheln lassen.

Den Spinat in ein Sieb geben und 5 Minuten abtropfen lassen. Dabei immer wieder mit dem Kochlöffel Druck ausüben, damit überschüssiger Saft abfließen kann.

Den Spinat in eine bereitgestellte mittelgroße Schüssel geben und mit Salz und frisch gemahlenem Pfeffer abschmecken. Beiseitestellen.

Für das Kohlrabigemüse die Butter in einem großen Topf erhitzen. Die Kohlrabischeiben zugeben und unter Rühren ca. 2–3 Minuten dünsten. Dann das Mehl zugeben und rasch unterrühren – gleichzeitig die Hitze auf mittlere Flamme reduzieren. Sofort mit dem Weißwein ablöschen.

Mit einem Schneebesen zügig weiterrühren und mit der Milch aufgießen. Lorbeerblätter, roten Pfeffer und körnige Gemüsebrühe zugeben und unterrühren. Weiterrühren, bis sich die Soße verdickt und sanft zu köcheln beginnt.

Das Kohlrabigemüse vom Herd nehmen und mit Salz und frisch gemahlenem Pfeffer abschmecken. Abschließend mit Muskat würzen.

Den Backofen auf 180 Grad Ober-/Unterhitze bzw. 150 Grad Umluft vorheizen. In eine mittelgroße Auflaufform zunächst ein Drittel des Kohlrabigemüses gleichmäßig einfüllen und anschließend mit Lasagneblättern abdecken.

Den kompletten Spinat gleichmäßig auf den Lasagneblättern verteilen und die Hälfte der Mozzarellawürfel darüberstreuen.

Mit Lasagneblättern abdecken und erneut ein Drittel des Kohlrabigemüses gleichmäßig darüber verteilen.

Eine letzte Lage Lasagneblätter darüberlegen und mit dem letzten Drittel Kohlrabigemüse, gleichmäßig auf den Nudeln verteilt, abschließen. Die restlichen Mozzarellawürfel über die Lasagne streuen.

Im Ofen auf mittlerer Schiene ca. 40–45 Minuten backen, bis die Nudeln gar sind und sich die Oberfläche leicht goldbraun verfärbt hat.

FRÜHKARTOFFELN MIT KRÄUTERQUARK

VEGETARISCH / GLUTENFREI

Die ersten Frühkartoffeln kommen im Juni auf den Markt und läuten das Ende des Frühlings und damit den Beginn des Sommers ein. Diese Kartoffeln sind für mich immer schon etwas Besonderes gewesen, vielleicht weil meine Mutter sie uns Kindern früher auch als etwas sehr Spezielles angepriesen hat, als wären sie kein einfaches Gemüse, sondern kostbare Edelsteine. Jedenfalls gehören Frühkartoffeln mit Butter und Kräuterquark zu meinen frühsten kulinarischen Kindheitserinnerungen – und ich liebe dieses einfache Gericht auch heute noch sehr.

ZUBEREITUNGSZEIT:
ca. 40 Minuten

ZUTATEN
Für den Quark
750 g Magerquark (20% Fett i. Tr.) – übrig gebliebener Kräuterquark schmeckt super als Brotaufstrich
3–4 EL Sahne
1 TL Honig
1 Bund Schnittlauch, gewaschen, trocken getupft und fein geschnitten
1 Bund Dill, gewaschen, trocken getupft, von den Stielen befreit und fein geschnitten
½ Bund glatte Petersilie, gewaschen, trocken getupft und fein gehackt
1 Msp. edelsüßes Paprikapulver
Salz und frisch gemahlener Pfeffer

Für die Kartoffeln
ca. 1,5 kg Frühkartoffeln, gewaschen
1 TL Salz

AUSSERDEM: große Schüssel, Gummispatel oder Rührgerät, großer Topf, Sieb

ZUBEREITUNG

Zuerst den Kräuterquark zubereiten. Dazu den Magerquark in eine große Schüssel geben und mit Sahne und Honig cremig verrühren.

Schnittlauch, Dill und Petersilie unterheben. Das Paprikapulver unterrühren und mit Salz und Pfeffer abschmecken. Den Kräuterquark abgedeckt in den Kühlschrank stellen, bis die Kartoffeln gar sind.

Die Kartoffeln in einen großen Topf geben und mit kaltem Wasser auffüllen, bis die Kartoffeln komplett mit Wasser bedeckt sind. Salz zugeben und bei geschlossenem Deckel auf dem Herd zum Kochen bringen. Anschließend die Hitze auf mittlere Flamme reduzieren und die Kartoffeln gar kochen lassen. Dabei den Deckel leicht schräg legen, damit der Dampf entweichen kann. Je nach Kartoffelsorte dauert der Garprozess ca. 20–30 Minuten.

Die Kartoffeln sind fertig, wenn sich beim Anstechen mit einer Gabel kein Widerstand mehr zeigt und die Kartoffel locker von den Zinken rutscht.

Den Kräuterquark aus dem Kühlschrank nehmen und portionsweise mit den Kartoffeln auf flachen Tellern anrichten. Bei Pellkartoffeln stelle ich zusätzlich noch einen großen Teller für die Schalen auf den Tisch. Wenn du magst, kannst du noch zusätzlich Butter servieren.

TIPP: Zu diesem einfachen Gericht passt ein Salat und sogenannter »Gänsewein«. Der Begriff »Gänsewein« stammt von meiner Großmutter väterlicherseits und bezeichnet schlichtes Leitungswasser. Sie wurde nie müde, das Wunder von sauberem Wasser, das direkt aus dem Hahn kommt, vor uns Enkelkindern zu preisen, schließlich hatte sie während des Krieges noch Zeiten erlebt, wo trinkbares Wasser in ausreichenden Mengen keine Selbstverständlichkeit war. Später dann, als ich mich in jungen Jahren aufmachte, die Welt zu bereisen, wurde mir klar, wie privilegiert ich in vielerlei Hinsicht zu Hause lebe, vor allem auch in Bezug auf sauberes, klares Wasser.

Klares, sauberes Wasser ist für unseren Organismus nicht nur überlebenswichtig, sondern es schmeckt auch richtig gut!

DAS SOLLTEST DU WISSEN

Die Kartoffel kam vor ca. 500 Jahren aus Südamerika, genauer aus den Anden nach Europa. Weltweit gibt es etwa 3000 verschiedene Sorten dieser genügsamen Knolle, die auch in kargen Böden gedeiht. Obwohl sich das Gerücht hartnäckig hält, dass wir Deutschen europaweit den höchsten Kartoffelverbrauch pro Kopf und Jahr haben, sind es in Wahrheit die Schweizer, die an der Spitze des jährlichen Kartoffelkonsums stehen.

BLÄTTERTEIGPIZZA MIT ZUCCHINI, KROSSEN SCHINKENWÜRFELN UND MAI-GOUDA

VEGETARISCH

Zucchini gelten eigentlich als typisches Sommergemüse, aber genau genommen werden die ersten Früchte bereits im späten Frühling geerntet und verarbeitet.

Obwohl ich überhaupt kein Freund von Fertigprodukten bin, mache ich bei Blätterteig immer eine Ausnahme. Blätterteig selbst herzustellen ist sehr zeitaufwendig und braucht meines Erachtens auch die Fingerfertigkeit eines Profis.

ZUBEREITUNGSZEIT:
ca. 10 Minuten
+ ca. 20 Minuten Backzeit

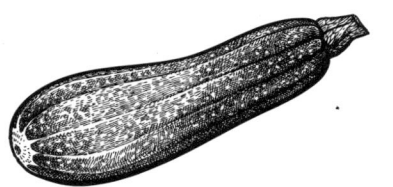

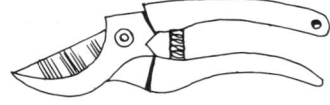

ZUTATEN
1 Packung Blätterteig – aus dem Kühlregal deines Biosupermarkts
1 Ei (M)
1 EL Milch
Salz und frisch gemahlener Pfeffer
1 Prise gemahlene Muskatnuss
50 g geräucherte Schinkenwürfel – wahlweise Speck
ca. 160 g Mai-Gouda, in Scheiben
1 kleine Zucchini (ca. 150 g), gewaschen, von den Enden befreit und mit dem Sparschäler in hauchdünne Streifen geschnitten – dabei um das Innere der Zucchini herum schälen (dieses kann man später z. B. für eine Brühe oder Sauce nutzen).

AUSSERDEM: Sparschäler, Backblech, Backpapier, kleine Schüssel, Pinsel, kleine beschichtete Pfanne

ZUBEREITUNG
Den Backofen auf 200 Grad Ober-/ Unterhitze oder ca. 180 Grad Umluft vorheizen.
Ein Backblech mit Backpapier auslegen und den Blätterteig darauf auslegen. In einer kleinen Schüssel das Ei mit Milch verrühren und kräftig mit Salz, Pfeffer und Muskat abschmecken. Anschließend den Blätterteig gleichmäßig mit dem Ei-Milch-Gemisch einpinseln und auf mittlerer Schiene ca. 10 Minuten im Ofen backen.
Währenddessen eine kleine beschichtete Pfanne trocken, sprich ohne Fett, auf

dem Herd erhitzen. Die Schinkenwürfel
zugeben und die Hitze auf kleine Flamme
reduzieren. Die Schinkenwürfel in ca. 2–
3 Minuten knusprig braten. Vom Herd
nehmen und beiseitestellen.
Den Blätterteig aus dem Ofen nehmen
und mit dem Mai-Gouda belegen. Die
Schinkenwürfel gleichmäßig darauf
verteilen und mit den Zucchinistreifen
abschließen. Erneut 8–10 Minuten auf
mittlerer Schiene im Ofen backen.
Die fertige Blätterteigpizza mit frisch
gemahlenem Pfeffer würzen und portionsweise auf vorbereitete Teller geben.
Die Pizza schmeckt am besten frisch und
heiß aus dem Ofen, kann aber auch kalt
als Snack gegessen werden. Dazu passt
Salat in allen Variationen.

TIPP: Du kannst deine Blätterteigpizza
beliebig variieren. Sehr lecker schmecken
zum Beispiel auch in Olivenöl gedünstete
Cocktailtomaten (vor dem Dünsten in
der Pfanne halbieren) als Pizzabelag.
Dazu die halbierten Tomaten und frischen Rosmarin in einer Pfanne in etwas
Olivenöl so lange dünsten, bis sie weich
sind, und dann mit Salz, Pfeffer und einem Spritzer Zitronensaft abschmecken.
Leicht abkühlen lassen und anschließend
auf dem gebackenen Blätterteig verteilen.
Käse und Schinkenwürfel lasse ich bei
diesem Rezept entweder ganz weg oder
ich brösle stattdessen etwas Schafskäse
über die Tomaten. Mit frischem Basilikum garnieren – herrlich!

DAS SOLLTEST DU WISSEN

Als Matjesheringe werden Heringe vor der Geschlechtsreife bezeichnet, die etwa fünf Tage lang in Salzlake eingelegt wurden. Die jungen Heringe werden Ende Mai bis Anfang Juni, also bevor die Fortpflanzungszeit beginnt, in der Nordsee gefangen und dann weiterverarbeitet. Ein Matjeshering zeichnet sich dadurch aus, dass er mithilfe der natürlichen Enzyme aus seiner Bauchspeicheldrüse, die dazu beitragen, dass das Fleisch fermentiert, in besagter Salzlake in Eichenfässern gereift ist.

MATJESFILET »LIGHT« MIT JOGHURT, ERD-BEEREN, FRÜHLINGS-ZWIEBELN UND DILL

GLUTENFREI

Der Matjes hat Anfang Juni Saison. Ich freue mich jedes Jahr darauf und mache dann während des wöchentlichen Einkaufs auf dem Münchner Viktualienmarkt regelmäßig Halt bei meinem Lieblings-Fischhändler, um genüsslich ein knuspriges Matjesbrötchen zu verspeisen.

Von zu Hause her kenne ich eingelegten Matjes nur mit Sahne, Äpfeln und Essiggurken. Das folgende Rezept ist eine »entschlackte« Variante davon, bei der ich die Sahne durch Joghurt ersetzt habe. Auf die Idee mit den Erdbeeren kam ich ebenfalls beim Schlendern über den Markt, die Reste der besagten Fischsemmel noch in der Hand. Ich persönlich finde, dass Matjes und Erdbeeren hervorragend zusammenpassen.

ZUBEREITUNGSZEIT:
ca. 30 Minuten
(inkl. 15 Minuten Marinierzeit)

ZUTATEN
200 g Naturjoghurt
200 g saure Sahne
1 EL Zitronensaft
1 TL Honig
250 g Erdbeeren, gewaschen, vom Grün befreit und geviertelt
2 Frühlingszwiebeln, von den Enden befreit, gewaschen und mitsamt dem Grün in feine Ringe geschnitten
6 Matjesfilets, in mundgerechte Stücke geschnitten
1 Bund Dill, gewaschen und fein gehackt
Salz und frisch gemahlener Pfeffer

AUSSERDEM: große Schüssel, Küchenkrepp, sauberes Küchentuch

~~~~~~~~~~~~~~~~~~~~

ZUBEREITUNG
Joghurt und saure Sahne in eine große Schüssel geben und cremig verrühren. Zitronensaft und Honig unterrühren. Erdbeeren und Frühlingszwiebeln unterheben.
Die Matjesfilets unter fließendem kaltem Wasser abwaschen und mit Küchenkrepp trocken tupfen. Die Filets in ca. 2 cm breite Stücke schneiden und unter die Joghurt-Sahne-Mischung heben.
Die Schüssel mit einem sauberen Küchentuch abdecken und an einen kühlen Ort stellen. 15 Minuten ziehen lassen.
Vor dem Servieren den Dill unterrühren und mit Salz und frisch gemahlenem Pfeffer abschmecken. Portionsweise auf Teller verteilen. Dazu passt frisches Sauerteigbrot.

OSTERN

Ostern ist das Frühlingsfest schlechthin, denn es symbolisiert nicht nur die Auferstehung Christi, sondern ist für viele – genau wie die Frühlingsknospen an den Pflanzen nach einem langen, kalten Winter auch – Sinnbild für einen Neubeginn. Dem Osterfest geht eine vierzigtägige Fastenzeit voraus, die manche Menschen, egal ob sie nun religiös sind oder nicht, nutzen, um sich durch den Verzicht auf Süßigkeiten, Alkohol und/oder Nikotin innerlich zu reinigen.

Rund um das Osterfest gibt es viele unterschiedliche Bräuche, doch am bekanntesten ist wohl der Osterhase – und mit ihm die bunten Ostereier. Der Osterhase trat erstmals im 16. Jahrhundert als »Meister Lampe« hierzulande auf, damals allerdings noch mit wenig durchschlagendem Erfolg. Der Hase gilt aber seit jeher als Sinnbild von Fruchtbarkeit und wurde wohl auch deswegen mit Ostern und dem beginnenden Frühling in Verbindung gebracht.

Auch das Ei ist ein uraltes Fruchtbarkeitssymbol und besitzt zudem, einem alten Volksglauben nach, viele Zauberkräfte. Doch vorher muss es in der Kirche geweiht werden, denn erst danach kann es seine magischen Kräfte voll und ganz entfalten. Geweihte Eier vergrub man in früheren Zeiten in den Äckern, um das Wachstum der Feldfrüchte anzukurbeln. Die Schalen der Ostereier wurden auch zerstoßen und in den Gemüsegärten verstreut, um Schädlinge abzuhalten, oder man legte die Eierschalen auf das Fensterbrett, um Ameisen den Weg ins Haus zu verwehren.

Weniger bekannt ist, dass das Ei an sich lange Zeit auch als Abbild der Bibel galt, wobei die Schale das Alte Testament symbolisierte und das Innere, also Eiweiß und Dotter, das Neue Testament darstellte. Laut biblischer Überlieferung war übrigens jener einfache Mann, der am Tag der Kreuzigung eine Zeit lang das Tragen des Kreuzes für Jesus übernahm, damit dieser sich ein bisschen ausruhen konnte, von Beruf Eierhändler. Nachdem der brave Mann das Kreuz wieder zurück auf die Schultern des armen Jesus gelegt hatte, lief er hastig zu seinem Korb zurück, den er am Wegesrand zurückgelassen hatte, und siehe da, die vormals weißen und braunen Eier leuchteten schon von Weitem in allen Regenbogenfarben.

Neben den Ostereiern spielt natürlich auch das Osterlamm eine große Rolle; es ist das wohl bekannteste Symbol für den Tod des Heilands am Kreuz. Heutzutage landet das Osterlamm meist nicht als Festtagsbraten, sondern in Form eines Biskuitkuchens auf dem Osterbuffet.

Ostern ist das Fest der Auferstehung Christi, wir können dieses Datum aber auch zum Anlass nehmen, darüber zu reflektieren, was wir in unserem Leben an guten Eigenschaften, sei es Liebe, Freude oder Dankbarkeit, wieder auferstehen lassen wollen. Auch sich immer wieder geduldig in einer nachhaltigen Lebensweise zu üben kommt einer »Auferstehung« gleich. Wir beginnen, für die Rettung unserer Welt immer und immer wieder auf- und einzustehen. Das braucht Ausdauer und mitunter auch den Mut, sich hin und wieder gegen den Mainstream zu stellen, der in vielerlei Hinsicht auf Gier und Profit ausgerichtet ist.

RHABARBER-GRANOLA-JOGHURT-TRIFLE

VEGETARISCH

Das Tolle an diesem Dessert, das man auch wunderbar zum Frühstück essen kann, ist – neben dem frischen Rhabarberkompott – das selbst gemachte Granola. Es geht superleicht und ist, anders als gekauftes Knuspermüsli, nicht so süß.

ZUBEREITUNGSZEIT:
ca. 25 Minuten
(inkl. ca. 15–20 Minuten Backzeit für das Granola)
+ ca. 30 Minuten Abkühlzeit für Granola und Kompott

ZUTATEN

Für das Granola
250 g zarte Haferflocken
100 g gehobelte Haselnüsse (bekommst du in der Backwarenabteilung im Supermarkt)
100 g Honig
80 ml Rapsöl – wahlweise Sonnenblumen- oder Olivenöl
¼ TL Salz
½ TL Zimtpulver

Für das Kompott
1 kg Rhabarber, gewaschen, von Enden und Fäden (weitestgehend) befreit und in mundgerechte Stücke geschnitten
1 Spritzer Zitronensaft
etwas Wasser

2–3 EL Erdbeermarmelade – je nachdem, wie süß du das Kompott haben möchtest (wahlweise Frühlingsmarmelade, Rezept siehe S. 75)

300 g Naturjoghurt, mit 1 TL Honig vermischt

AUSSERDEM: mittelgroße Schüssel, Backpapier, Backblech, Gummispatel, mittelgroßer Topf, 4 hochwandige Gläser (oder Einweckgläser)

~~~~~~~~~~

ZUBEREITUNG

Zuerst das Granola zubereiten. Dazu den Backofen auf 180 Grad Ober-/Unterhitze vorheizen.

Alle Zutaten für das Granola in eine mittelgroße Schüssel geben und gut verrühren. Die Masse gleichmäßig auf ein mit Backpapier ausgekleidetes Backblech verteilen und auf mittlerer Schiene 5–10 Minuten im Ofen backen.

Das Granola mit einem Gummispatel wenden bzw. »umrühren« und weitere 10 Minuten backen. Ich persönlich mag das Granola gerne etwas dunkler und backe es deswegen die vollen 20 Minuten. Es ist aber wichtig, immer wieder nachzusehen, denn wenn du es zu lange bäckst, gerät das Granola zu dunkel und schmeckt verbrannt.

Nach 15–20 Minuten aus dem Ofen nehmen und abkühlen lassen.

Während das Granola noch im Ofen ist, das Rhabarberkompott zubereiten. Dazu die Rhabarberstücke in einen mittelgro-ßen Topf geben. Zitronensaft und einen Fingerbreit Wasser zugeben und erhitzen. Auf mittlerer Flamme mit geschlossenem Deckel ca. 5–8 Minuten köcheln lassen, bis der Rhabarber weich ist. Zum Schluss die Erdbeermarmelade unterrühren.

Den Topf vom Herd nehmen und das Kompott komplett auskühlen lassen. Zum Anrichten des Desserts in vier hochwandige Gläser schichtweise Kompott, den mit Honig vermischten Naturjoghurt und Granola einfüllen.

Tipps: Restliches Granola in ein Schraubglas abfüllen, so hält es sich im Vorratsschrank einige Wochen. Es passt prima zum morgendlichen Müsli oder auf alle Arten von Frühstücksbrei.

Übrig gebliebenes Kompott hält sich ein paar Tage im Kühlschrank. Du kannst es beispielsweise unter Joghurt mischen oder pur essen.

SAHNE-BISKUIT-ROLLE MIT FRÜHLINGSMARMELADE

VEGETARISCH

Ich liebe Sahne-Biskuit-Rolle und wünsche sie mir jedes Jahr von meiner Nachbarin Katharina zum Geburtstag. Genau wie Katharinas Rolle kommt auch dieses Rezept ohne Gelatine oder »Sahnesteif« aus, mit deren Hilfe normalerweise die Füllung schön »fest gemacht« wird. Deswegen wird unsere Rolle hier auch erst kurz vor dem Servieren fertiggestellt – mit nichts als frisch geschlagener Sahne in der mit Frühlingsmarmelade bestrichenen Teigrolle.

ZUBEREITUNGSZEIT:
ca. 40 Minuten
(inkl. ca. 12 Minuten Backzeit)
+ 25 Minuten Abkühlzeit

ZUTATEN
Für den Teig
6 zimmerwarme Eier (L)
1 Prise Salz
80 g Puderzucker
100 g Weizenmehl (Type 405)
1 EL Speisestärke
evtl. ein paar Erdbeeren, gewaschen und halbiert, zum Garnieren – wahlweise Himbeeren oder Waldbeeren

Für die Füllung
250 g Frühlingsmarmelade (Rezept siehe S. 75) – wahlweise eine andere Marmelade, siehe Tipp
2 EL Wasser
400 g Schlagsahne
1 TL Zucker – wahlweise 1 Päckchen Vanillezucker (à 8 g)

AUSSERDEM: mittelgroße Schüssel, 2 kleine Schüsseln, Rührgerät, Gummispatel, feinmaschiges Sieb, Backblech, Backpapier, Holzstäbchen für die Stäbchenprobe, sauberes Küchentuch + 1 TL Zucker, Esslöffel

ZUBEREITUNG
Zuerst den Teig zubereiten. Dazu den Backofen auf 200 Ober-/Unterhitze bzw. 180 Grad Umluft vorheizen.
Die Eier trennen und das Eiweiß mit einer Prise Salz in einer mittelgroßen Schüssel steif schlagen. Die Eigelbe in einer kleinen Schüssel kurz beiseitestellen. Nach und nach den Puderzucker zum Eischnee geben und auf der niedrigsten Stufe des Rührgeräts sachte einrühren.
Anschließend nach und nach die Eigelbe zugeben und wieder auf der niedrigsten Stufe des Rührgeräts unterrühren. Vermutlich hast du alles Eigelb zusammen aufgefangen. Das macht nichts, du kannst es mithilfe eines Gummispatels oder Löffels trotzdem portionsweise zum Eischnee geben und unterrühren.

Mehl und Speisestärke miteinander verrühren und durch ein feinmaschiges Sieb langsam in die Eiermasse einstreuen. Mit dem Gummispatel behutsam unterheben.

Ein Backblech mit Backpapier auslegen und die Teigmasse mithilfe des Gummispatels gleichmäßig darauf verteilen. Im Backofen auf mittlerer Schiene ca. 12 Minuten backen, bis sich die Oberfläche goldbraun verfärbt hat. Stäbchenprobe machen!

Ein sauberes Küchentuch unter fließendem Wasser nass machen und kräftig ausdrücken. Auf der Arbeitsfläche ausbreiten und gleichmäßig mit Zucker bestreuen. Den fertigen Teig aus dem Ofen nehmen und mit dem Backpapier nach oben auf das feuchte Tuch stützen. Das Backpapier vorsichtig abziehen. Dann den Teig mitsamt dem Tuch sofort einrollen – kühlt der Teig aus, bricht er beim Rollen – und ca. 25 Minuten abkühlen lassen.

Ist der Teig abgekühlt, die Marmelade in eine kleine Schüssel geben und mit 2 Esslöffeln Wasser verrühren. Beiseitestellen. Die Sahne mit etwas Zucker steif schlagen. Den Teig entrollen und mithilfe eines Esslöffels die Marmelade gleichmäßig darauf verstreichen. Dann die Sahne mithilfe des Gummispatels gleichmäßig darüber verteilen.

Den Teig erneut einrollen und überschüssige Sahne, die an den Seiten herausquillt, mit dem Gummispatel gleichmäßig auf der Oberfläche der Rolle verstreichen. Vor dem Servieren eventuell mit frischen Erdbeeren oder anderen Beeren garnieren.

TIPP: Ich persönlich mag die Sahne-Biskuit-Rolle tatsächlich am liebsten pur und ohne Früchte im Inneren. Du kannst aber natürlich auch frische Erdbeeren – gewaschen, vom Grün befreit und geviertelt – oder andere Beeren unter die Sahne heben. Auch unterschiedliche Marmeladen, wie zum Beispiel Himbeerkonfitüre oder Aprikosenmarmelade, machen sich statt unserer Frühlingsmarmelade in der Rolle richtig gut!

DAS SOLLTEST DU WISSEN

Der Hauptbestandteil einer Sahne-Biskuit-Rolle ist natürlich Sahne, sprich die Milch, aus der durch einen Separiervorgang Sahne gewonnen wird.

Abhängig von Rasse und Futter gibt eine Milchkuh 20 bis 35 Liter Milch pro Tag, aber nur wenn sie ein Kalb hat. Ohne Kalb produziert eine Kuh auch keine Milch! In vielen konventionellen Betrieben ist es üblich, dass das Kalb sofort oder wenige Stunden nach der Geburt von der Mutter getrennt wird und statt Muttermilch sogenannte »Milchaustauscher« – ein Gemisch aus Wasser, pflanzlichen Ölen und Molkepulver – als Futter bekommt. Auch viele Bio-Milcherzeuger trennen Mutter und Kalb spätestens ein paar Tage nach der Geburt, allerdings bekommen die Kälbchen dann noch weitere drei Monate Kuhmilch zu trinken – nicht immer, aber vorzugsweise von der eigenen Mutter.

In Biobetrieben werden die Kälber nach der ersten Lebenswoche in Gruppen gehalten. Für herkömmliche Betriebe gilt diese Regel nicht. Hier ein paar wissenswerte Daten:

- Eine konventionelle Milchkuh wird im Alter von 15 bis 18 Monaten erstmals besamt. In Biobetrieben meist etwas später.

- Sowie das Kalb auf der Welt ist, setzt bei der Kuh die Milchproduktion ein.
- Zwei bis drei Monate nach dem Kalben wird die Kuh erneut besamt. So entsteht ein Rhythmus: pro Jahr ein Kalb.
- Nach drei, vier Jahren ist die herkömmliche Milchkuh ausgelaugt und wird durch ihre Töchter ersetzt. Es gibt aber auch Tiere, die zehn oder mehr Kälber zur Welt bringen.

EXTRA: MARMELADE

Jedes Jahr pünktlich zum kalendarischen Sommeranfang am 21. Juni bekomme ich einen Anruf von meiner Freundin Dagmar, der dieses Buch auch gewidmet ist, mit der dringenden Bitte, sofort zu ihr zu kommen, um mit ihr gemeinsam den Mirabellenbaum vor ihrem Haus abzuernten. Mirabellen kommen, wie auch zum Beispiel Kirschen, genau an der »Schnittstelle« zwischen Frühlingsende und Frühsommer zur optimalen Reife. So ist besagte Mirabellenernte mit dem anschließenden Einkochen der süßen Früchte bei uns Freundinnen seit Jahren ein fester Termin im Kalender, der zugleich auch offiziell den Sommer einläutet.

Als ich mich im Jahr 2016 aufmachte, den Kofferraum voll mit Einmachgläsern und Gelierzucker, um das Wochenende erntend und Marmelade einkochend bei Dagmar zu verbringen, ahnten wir beide nicht, dass dieser Termin – und mit ihm auch unsere Marmelade – in Zukunft nicht nur mit süßen, sondern auch mit bittersüßen Erinnerungen verknüpft sein würde.

Der Morgen begann sonnig und mit freudiger Erwartung. Wir fuhren die lange Leiter aus und begannen, körbeweise die reifen Früchte vom Baum zu pflücken. Wir lachten und scherzten und freuten uns an der großen Ausbeute. Emma, Dagmars schwarze Hündin, lag entspannt im Schatten und spitze hin und wieder eines ihrer Ohren. Später saßen wir auf der Terrasse, jede mit einer Schüssel auf dem Schoß, um das Obst zu entsteinen. Wir tranken Tee und Emma lag uns zu Füßen. Dann ging es ans Einkochen, und während ich im großen Topf rührte, sterilisierte Dagmar die Gläser mit kochend heißem Wasser.

Plötzlich sah ich aus den Augenwinkeln, wie sich Emma, die gerade versuchte aufzustehen, auf seltsame Weise um die eigene Achse drehte, als wäre sie betrunken. Sie kam nicht hoch und knickte immer wieder ein; ihre Augen schauten hilfesuchend in meine Richtung. Ich wies Dagmar darauf hin, und während ich die letzte »Ladung« Marmelade in die bereitgestellten Gläser füllte, hatte Dagmar schon voller Panik in der nahe gelegenen Tierklinik angerufen.

Dann ging alles ganz schnell: Mit noch klebrigen Händen und vollgekleckerten Kochschürzen hievten wir die mittlerweile fast bewegungsunfähige Emma ins Auto und düsten in die Klinik. Das Ergebnis der Untersuchung war niederschmetternd: Ein unentdeckter Tumor nahe dem Herzen war geplatzt. Emma war nicht mehr zu retten, sie musste auf der Stelle eingeschläfert werden. Eilends wurde Dagmars Familie, Ehemann und Söhne, herbeigerufen, dann nahmen wir weinend Abschied.

Zu Hause warteten die noch nicht ganz abgekühlten Marmeladengläser auf uns. Auf die Etiketten schrieben wir: 21.6.2016 – Emmas Mirabellenmarmelade.

DAS SOLLTEST DU WISSEN

EU- bzw. internationale Handelsnormen untergraben zunehmend die Vielfalt an Obst und Gemüse, denn sie legen weltweit fest, wie bestimmte Obst- oder Gemüsesorten auszusehen haben, damit sie überhaupt in Supermärkten verkauft werden können.

In den USA werden beispielsweise Tomaten, die zu dunkel oder zu hell sind, aussortiert und weggeschmissen. Oder man denke nur an das berühmte Beispiel mit den krummen Salatgurken, die innerhalb der EU keine Chance haben, regulär in den Handel zu kommen. Ohne diese Normgrößen und -farben gäbe es generell ein bedeutend größeres Angebot an Obst- und Gemüsesorten.

In manchen Städten werden inzwischen Streuobstwiesen angelegt, in denen sich die Bürger nach Herzenslust, und ohne bezahlen zu müssen, bedienen dürfen. Dort werden alte Obstsorten angebaut, die heutzutage wegen der eben erwähnten Handelsbedingungen auf dem regulären Markt keine Chance haben. Du brauchst also keinen eigenen Garten, um frisches Obst zum Verzehr oder zum Einkochen von Marmelade ernten zu können. Im Internet findest du entsprechende regionale Seiten, die landesweit auf die »Obstgärten« für jedermann hinweisen.

FRÜHLINGSMARME-LADE: OMAS ERDBEER-ROTE-JOHANNISBEER-MARMELADE OHNE GELIERZUCKER

VEGAN/GLUTENFREI

Diese Marmelade gehört ebenfalls untrennbar zu meinen Kindheitserinnerungen. Sie wurde sowohl von meiner Mutter als auch von meiner Großmutter in rauen Mengen eingekocht. Doch bevor es ans Einmachen ging, wanderte die ganze Familie erst einmal aufs Erdbeerfeld. Damals, in den Siebzigern, waren Erdbeerfelder, auf denen man seine Früchte eigenhändig pflücken konnte, eine Sensation. Wir konnten pflücken und vor allem essen (!), so viel wir wollten. Selbstredend, dass die größten und schönsten Erdbeeren stets sofort in unseren Kindermägen landeten. Das Ernten für die Marmelade überließen wir lieber den Erwachsenen.

Rote Johannisbeeren, meine Lieblingsbeeren, wuchsen und wachsen bis heute zuhauf im Garten meiner Mutter. Sie haben viele harte Kerne, deswegen wird der fertige Fruchtbrei am besten durch eine Flotte Lotte gedreht. Eine Arbeit, die meine Schwester und ich als Kinder immer gerne machten.

Früher wurde grundsätzlich mit einfachem Zucker und Zitronensaft – und nicht mit Gelierzucker, den es zu Großmutters Zeiten noch gar nicht gab – eingekocht. Die Marmelade muss dann nur länger kochen, damit sie eindickt; der Zitronensaft hilft beim Gelieren. Im folgenden Rezept verwenden wir ebenfalls reinen weißen Zucker. Ich habe es nicht übers Herz gebracht – und mich auch nicht getraut –, eine andere Zuckerart zu verwenden. Nicht auszudenken, wenn meine Kindheitsmarmelade nicht mehr nach Kindheit schmecken würde!

ZUBEREITUNGSZEIT:
ca. 60 Minuten

ZUTATEN (FÜR 8–10 GLÄSER)
2 kg Erdbeeren, gewaschen, geputzt (sprich vom Grün befreit) und halbiert
1 kg Rote Johannisbeeren, von Stielen und Blättern befreit und gewaschen
1,5 kg Zucker
Saft von 2 Zitronen

WICHTIG: Bevor du mit dem Einkochen beginnst, bereite deine Einmachgläser vor, indem du sie in kochendem Wasser sterilisierst (siehe Tipp).

AUSSERDEM: großer Topf, Schaumkelle, Pürierstab, Flotte Lotte (oder großes feinmaschiges Sieb und große Schüssel), Schöpfkelle, Marmeladentrichter (bekommst du im gut sortierten Supermarkt oder im Haushaltswarengeschäft), ausreichend sterile Gläser mit Schraubverschluss (siehe Tipp)

ZUBEREITUNG

Erdbeeren und Johannisbeeren zusammen mit dem Zucker in einen großen Topf geben. Alles gut verrühren und dann langsam auf kleiner bis mittlerer Flamme erhitzen.

Beginnt der Fruchtbrei zu blubbern, die Hitze für kurze Zeit auf große Flamme erhöhen und den Topfinhalt kräftig aufkochen lassen. Dann die Hitze wieder auf kleine Flamme reduzieren und die Fruchtmasse bei offenem Deckel ca. 20–25 Minuten sanft köcheln lassen. Gelegentlich umrühren und entstehenden Schaum mit einer Schaumkelle entfernen.

Abschließend den Zitronensaft unterrühren und die »Gelierprobe« machen, indem du die Marmelade verkostest. Ist die Fruchtmasse noch nicht fest genug, gegebenenfalls noch ein paar Minuten weiterköcheln lassen.

Den Topf vom Herd nehmen. Die Fruchtmasse mit einem Pürierstab leicht pürieren und anschließend durch die Flotte Lotte drehen – oder durch ein feinmaschiges Sieb in eine große, vorher mit heißem Wasser ausgeschwenkte Schüssel drücken –, um sicherzugehen, dass wirklich keine Kerne in der Marmelade landen.

Die Fruchtmasse mit einer Schöpfkelle und mithilfe des Marmeladentrichters portionsweise in sterile Gläser füllen. Gut verschließen und für 5 Minuten kopfüber stellen, damit sich ein Vakuum im Glas bilden kann.

TIPP: Meine Freundin Dagmar und ich kochen jedes Jahr Mirabellenmarmelade ein (siehe S. 73). Das ganze Jahr über sammeln wir unabhängig voneinander Gläser mit Schraubdeckel, um sie dann, mitsamt den Deckeln, am Einmachtag in einem großen Topf mit kochendem Wasser 5 Minuten zu »kochen«. So werden die Gläser steril. Damit wir uns die Finger nicht verbrennen, holen wir die Gläser mit einer Spaghettizange aus dem heißen Wasser und platzieren sie kopfüber auf saubere Geschirrhandtücher (vorher im Kochwaschgang in der Waschmaschine waschen). Ist die Marmelade zum Abfüllen bereit, drehen wir die Gläser um, ohne die Ränder mit unseren Fingern zu berühren, und füllen die Marmelade ein.

lichtdurchflutet – sonnentrunken – luftgetragen – fruchtsüß –

seidennaß – überfließende Himmel – Kirschmund – staubgelb –

flaumgolden – doldenschwer – hitzeflirrend

SOMMER

Zeit des Lichts

FREUDE

OBST: erste Äpfel und Birnen, Aprikosen, Brombeeren, letzte Erdbeeren, Heidelbeeren, Himbeeren, Johannisbeeren, Kirschen, Melonen, Mirabellen, Pflaumen, Preiselbeeren (ab September), Stachelbeeren, Weintrauben, Zwetschgen

GEMÜSE: Auberginen, Blattsalate, Brokkoli (ab September), Fenchel, Gurken, Kohlrabi, Mangold, Paprikaschoten, erste Pilze (ab ca. Ende August), Rettich, Stangenbohnen, Tomaten, Zucchini, Zwiebeln

KRÄUTER: Dill, Melisse, Minze, Petersilie, Rosmarin, Salbei, Schnittlauch, Thymian, Wildkräuter (Brunnenkresse, Giersch usw.)

Für viele Menschen ist der Sommer das Sinnbild für Freude schlechthin. Die Sonne scheint – meistens zumindest –, es ist warm, mitunter sogar richtig heiß, die Natur steht in voller Blüte und die Tage sind lang und lichtdurchflutet. Unser Körper genießt die Bewegung an der Luft und im Wasser, und Herz und Seele dehnen sich voller Freude aus.

Jetzt ist die Zeit der reifen Früchte, und was gibt es beispielsweise Schöneres, als voller Genuss in ein Stück Wassermelone zu beißen? Im Sommer erfreuen wir uns an knackigen Kirschen, süßen Aprikosen und reifen Zwetschgen; wir laben uns aber auch an prallen Tomaten, knackigen Gurken, an zarten Zucchini und frischen Blattsalaten – und werden so wieder daran erinnert, welch ein Glück es ist, den Körper mit Vitaminen und Nährstoffen zu verwöhnen.

NACHGEDACHT

In der buddhistischen Philosophie, mit der ich persönlich eng verbunden bin, wird der Freude ein hoher Stellenwert eingeräumt, vor allem der Freude in Form von »Mitfreude«. Sich an der Freude anderer zu erfreuen, lässt das Herz weit und offen werden.

Wir können das ganze Jahr über Gründe finden, uns mit anderen zu freuen, aber im Sommer, inmitten all der Leichtigkeit, die mit dieser Jahreszeit einhergeht, ist die Freude in und bei anderen leichter zu entdecken: in den lachenden Augen eines Kindes, das genüsslich an seinem Eis schleckt, in den Menschen, die glücklich ihr Bad im erfrischenden Wasser genießen, und vielleicht sogar in den Blumen, die ihre schönen, bunten Kelche vertrauensvoll dem blauen Himmel entgegenrecken.

Im Buddhismus gibt es hinsichtlich der Mitfreude sogar eine Meditationsübung, die du ganz leicht in deinen Alltag einbauen kannst. Immer wenn du dich mit anderen freust, egal ob Mensch oder Tier, kannst du still und leise folgenden Wunsch formulieren:

Möge deine Freude niemals enden!

Wir wissen zwar, dass jedes Gefühl, also auch die Freude, irgendwann wieder vergeht, denn nichts hält ewig, aber der Wunsch alleine bewirkt, dass sich dein Herz öffnet und weich wird.

LICHT UND LIEBE

Im Sommer, wenn an sonnigen Tagen sowieso schon die ganze Welt von herrlichem Strahlen durchflutet ist, tanken alle Lebewesen das für uns und unseren Planten so überlebenswichtige Licht der Sonne. Ohne dieses Licht und ohne diese Wärme würde es kein Leben, so wie wir es kennen, auf Erden geben. Licht, so haben Wissenschaftler herausgefunden, ist der essenzielle Grundstoff einer jeden noch so kleinen Zelle. Im Kern bestehen wir also alle, Menschen, Tiere und Pflanzen, aus dem gleichen Stoff – aus strahlendem Licht.

Der vietnamesische Zenmeister Thich Nhat Hanh sagt, dass wir, wenn wir lernen, tief in das Wesen der Natur hineinzuschauen, das Licht, das allem innewohnt, überall sehen können. Und wenn wir dies tun, dann erkennen wir, dass ebendieses Licht nichts anderes ist als Liebe schlechthin. In der Tiefe sind wir also alle gleich. Unsere Körper, jede Blume, jedes Tier, jeder Stein, sprich das gesamte Universum besteht aus den gleichen Elementen, und jedes einzelne fühlende Herz ist aus dem gleichen Licht und derselben Liebe gemacht.

Wir können Thich Nhat Hanhs Betrachtungsweise annehmen, indem wir beispielsweise achtsam essen und trinken. Das bedeutet zunächst, dass wir unsere Sinne vollkommen auf das, was wir gleich essen werden, ausrichten. Nehmen wir zum Beispiel eine Frucht, einen Apfel oder eine Kirsche. Wir betrachten den Apfel und nehmen seine Form und Farbe wahr. Wir riechen die Süße der Kirsche und ertasten ihre glatte Oberfläche. Dann beißen wir in den Apfel und erleben seine Konsistenz und all die verschiedenen Geschmacksrichtungen, die sich im Mund entfalten. Wir nehmen die Gedanken wahr, die zum Apfel oder zur Kirsche aufsteigen: Das schmeckt aber köstlich. Ich möchte gleich noch mehr Kirschen essen. Und so weiter. Nachdem wir die Frucht mit allen unseren Sinnen erfasst und erfahren haben, machen wir uns bewusst, was es alles braucht, damit sie uns erfreuen und letztendlich in unserem Magen landen konnte. Das sind neben der optimalen Erde, guten Wetterbedingungen und dem Licht und der Wärme der Sonne auch kundige Menschen, die wissen, wie man das Obst anbaut. Es braucht fleißige Hände zum Ernten und Geräte und Maschinen, wie zum Beispiel Autos, die mithelfen, die Ware in die Läden und auf die Märkte zu bringen.

Letztendlich erkennen wir auf diese Weise, dass es im Grunde das gesamte Universum braucht, um einen einzigen Apfel, eine einzige Kirsche entstehen zu lassen, und dass wirklich alles miteinander zusammenhängt. Haben wir dies erkannt, ist der berühmte Satz »Alles ist eins« plötzlich keine Phrase mehr, sondern eine zutiefst erlebte und nachvollziehbare Wahrheit.

ÜBERFLUSS UND LEICHTIGKEIT

Im Sommer reifen die Gaben der Natur, und die Erde beginnt nun bis in den Frühherbst hinein, ihr Füllhorn an reifen Früchten und knackigem Gemüse über uns auszuschütten.

Die Leichtigkeit des Seins ist an lauen Sommertagen überall spürbar – in der Luft, im Wasser und im duftigen Gras der Sommerwiesen. Wir atmen pures Leben und Lebendigkeit mit jedem lauen Windhauch. Alles scheint zu vibrieren, und die Welt duftet verführerisch nach Sommerblumen, Sonnenmilch und Grillfeuer.

Im Sommer ernähren wir uns, schon aufgrund der heißen Temperaturen, in der Regel leichter und gesünder als das restliche Jahr über. Der Körper lechzt nach Frische; Obst, Salat und Gemüse stehen jetzt vermehrt auf dem Speiseplan.

NACHGEDACHT

Wir haben das Glück, in einem Teil der Welt zu leben, in dem es uns an so gut wie nichts mangelt. Wir leben im Überfluss, und obwohl wir durchaus wissen, dass es vielen Menschen rund um den Globus bei Weitem nicht so gut geht wie uns, blenden wir das allzu gerne aus. Zudem ist uns oft auch nicht bewusst, dass unser eigener Überfluss auch auf Kosten ärmerer Länder und deren Bevölkerung geht. Schlechte Bezahlung in den sogenannten Entwicklungsländern, unfairer Handel, Monokulturen und Bodenausbeutung: Diese Punkte sind leider nur die Spitze des Eisbergs, auf dem unser Wohlstand im Westen basiert.

Gründe genug, umzudenken – und sei es nur im Kleinen. Warum also nicht die Fülle des Sommers nutzen und frische, saisonale und vor allem einheimische Früchte und Produkte kaufen und konsumieren? Warum nicht wieder kleine Läden und Produzenten unterstützen, anstatt Massenware im Supermarkt einzukaufen? Es gibt viele Möglichkeiten, nicht nur an das Vermehren des eigenen Überflusses zu denken, sondern auch andere durch eine bewusste und mitfühlende Lebensführung miteinzubeziehen, denn nur so entsteht wirkliche Leichtigkeit und Offenheit im Leben.

KÜHLENDER SOMMERTEE

VEGAN/GLUTENFREI

Der Sommer ist für mich von den Kräutern her die Zeit von frischer Minze und ihrer Verwandten, der Zitronenmelisse. Schon als Kind liebte ich es, in den Garten meiner Mutter zu gehen und meine Nase in die wuchernde Melisse, die sich am Rand des Gemüsebeetes unkontrolliert ausbreitete, zu stecken. Ihr Duft ist frisch, zart und unaufdringlich – und genauso schmeckt auch folgender Tee, dessen Farbe goldenes Sommersonnenlicht ins Glas zaubert. Minzeblätter verleihen dem Tee zusätzliche Frische, und Zitronenthymian gibt ihm eine interessante, herbe Note.

Obwohl der Tee heiß getrunken wird, bewirken die Wirkstoffe in Minze und Melisse eine »Kühlung« im Körper.

ZUBEREITUNGSZEIT:
ca. 20 Minuten
(inkl. 15 Minuten Ziehzeit)

ZUTATEN (FÜR 1 LITER)
3–4 Stängel frische Zitronenmelisse, gewaschen und trocken getupft
3–4 Stängel frische Minze, gewaschen und trocken getupft
2 Zweige frischer Zitronenthymian, gewaschen und trocken getupft

1 l heißes Wasser – darauf achten, dass das Wasser nicht mehr kocht, wenn du die Kräuter aufbrühst

AUSSERDEM: Teekanne, Stövchen

ZUBEREITUNG
Die frischen Kräuter in eine Teekanne geben und mit heißem, nicht mehr kochendem Wasser aufgießen. Bei geschlossenem Deckel ca. 15 Minuten auf einem Stövchen ziehen lassen.

TIPP: Diesen Tee habe ich erstmals in Portugal getrunken. Ich verbrachte dort fast den ganzen Sommer 2017 an verschiedenen Plätzen, um zu kochen, zu arbeiten und dieses Buch zu schreiben. Frischer Kräutertee war mittags, wenn alle Landarbeiter vom Feld zum Essen kamen, das Hauptgetränk auf einer kleinen Ökofarm, auf der ich vier Wochen lang lebte. Er variiert je nach Jahreszeit. Im Sommer wird, neben Minze, Thymian und Melisse, noch Zitronengras zugegeben. Zitronengras findet man in Mitteleuropa aber eher selten, deswegen habe ich es hier weggelassen. Du kannst stattdessen Zitronenverbene (1–2 Zweige, gewaschen und trocken getupft) verwenden.

MEIN LIEBLINGS-SOMMERFRÜHSTÜCK PORRIDGE MIT GEDÜNSTETEN MARMELADEFRÜCHTEN

VEGAN

Ich bin leider kein großer Fan von Frühstücksbreien, aber dieses Frühstück hier liebe ich. Das liegt wohl vor allem an den leckeren heißen Früchtchen, die in reichlich Marmelade gedünstet werden. Die Idee dazu kam mir, als mir meine Freundin Dagmar eines Tages ganz begeistert von ihrem ayurvedischen Frühstück erzählte, dessen fester Bestandteil, neben Breien aller Art, eben gedünstetes Obst ist. Allerdings werden da die Früchte in Ghee, also in reinem Butterschmalz, und nicht in Marmelade oder Gelee gegart, aber ich mag meine Variation ehrlich gesagt lieber – dafür ist Dagmars Frühstück definitiv gesünder!

ZUBEREITUNGSZEIT:
ca. 15 Minuten

ZUTATEN (FÜR 1 PERSON)
Für die Marmeladenfrüchte
ca. 5 Zwetschgen – oder anderes Obst, das sich gut zum Dünsten eignet (z. B. Aprikosen und Kirschen oder, im Herbst, Äpfel, Trauben oder Birnen), gewaschen, entsteint bzw. entkernt und geviertelt
2 gehäufte EL Johannisbeergelee – oder eine andere, säuerliche Marmelade (z. B. Aprikosenmarmelade oder Himbeerkonfitüre)

Für den Porridge
100 g feine Haferflocken
200 ml Wasser
1 Prise Salz
evtl. je 1 Prise Zimt und Zucker
1 TL geröstete Kokosflocken (eine kleine Ausnahme, denn Kokosnüsse müssen selbstverständlich importiert werden!) – auf dem Bild siehst du fertig gekaufte, karamellisierte und leicht gesalzene Bio-Kokosflocken

AUSSERDEM: kleine beschichtete Pfanne, kleiner Topf

ZUBEREITUNG
Zwetschgen und Marmelade in eine kleine beschichtete Pfanne geben und auf mittlerer Flamme langsam erhitzen. Unter gelegentlichem Rühren ca. 4 Minuten dünsten, dabei beginnt die Marmelade zu köcheln.
Daneben in einen kleinen Topf Haferflocken und Wasser geben. Salz und evtl. Zimt und Zucker zugeben und kurz aufkochen lassen. Die Hitze auf kleine Flamme reduzieren und den Brei unter Rühren in ca. 2–3 Minuten gar köcheln lassen.
Den fertigen Brei in eine Schale füllen. Die lauwarmen Zwetschgen obenauf geben und mit Kokosflocken garnieren.

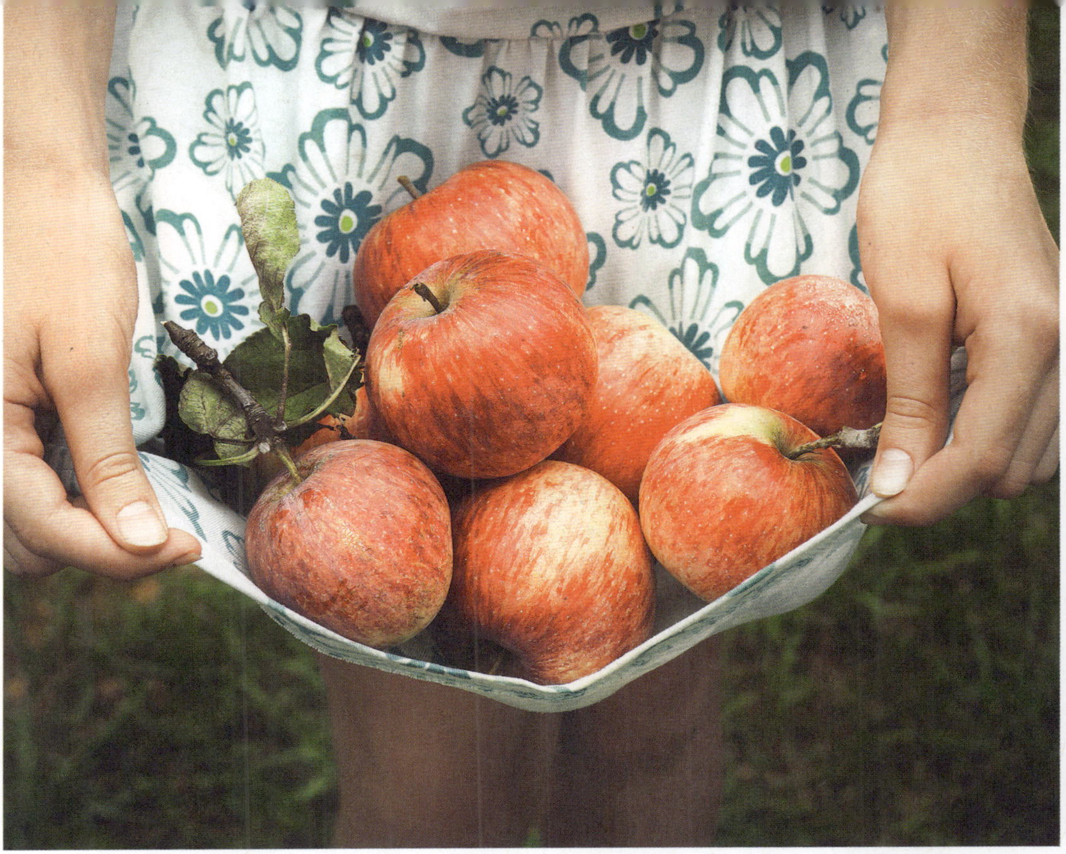

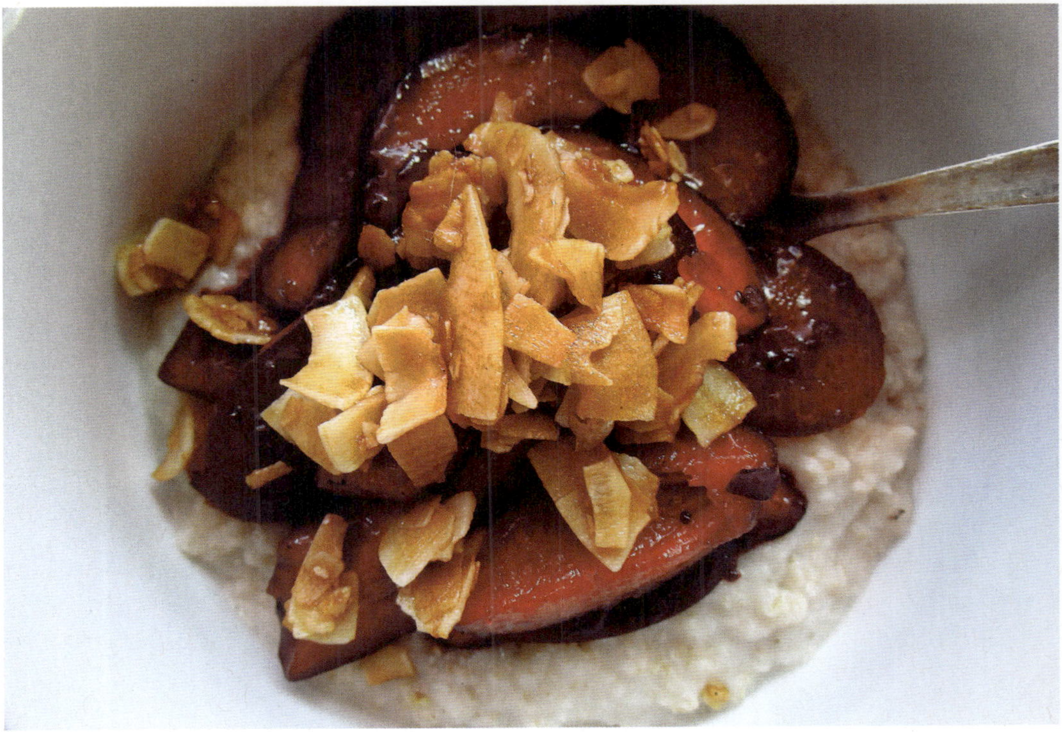

SOMMERBUTTER: ZITRONENMELISSE, ZITRONENTHYMIAN UND KNOBLAUCH

VEGETARISCH/GLUTENFREI

Der Sommer bietet viele Varianten für unterschiedlichste Geschmacksrichtungen in Sachen Kräuter- oder Gewürzbutter. Ich liebe Zitronenmelisse, die im Garten meiner Mutter fast schon wie Unkraut wuchert. Dieses herrlich frische Kraut passt generell wunderbar zu frischem Fisch, aber in Form von Kräuterbutter ist diese Kombination nahezu unschlagbar.

Im Rezept für die Sommersuppe (siehe S. 92) findest du noch eine zweite Sommerbutter, die ich auch sehr gerne mag. Diese Tomatenmark-Dill-Schnittlauch-Variante passt nicht nur gut auf Brot zu kalten Suppen, sondern auch hervorragend zu gegrilltem Fleisch oder als simpler Aufstrich für Baguette und andere Weißbrotsorten.

ZUBEREITUNGSZEIT:

ca. 10 Minuten
+ ca. 2 Stunden Kühlzeit

ZUTATEN

150 g weiche Butter – du kannst auch 250 g Butter verwenden (in dem Fall die Kräutermenge nach Belieben und die Anzahl der Knoblauchzehen auf 2 Stück erhöhen und einen Teil der Kräuterbutter zur späteren Verwendung einfrieren)
2 EL frische Zitronenmelisse-Blätter, gewaschen, trocken getupft und fein gehackt
1 TL Zitronenthymian-Blätter, gewaschen, trocken getupft und fein gehackt – wahlweise herkömmlicher Thymian
1 Knoblauchzehe, geschält und fein geschnitten oder gepresst
Salz

AUSSERDEM: mittelgroße Schüssel, Rührgerät mit Knethaken (wahlweise Küchenmaschine), Frischhaltefolie

~~~~~~~~~~

ZUBEREITUNG

Die Butter in eine Schüssel oder in die Küchenmaschine geben und cremig schlagen. Kräuter und Knoblauch zugeben und gut unterrühren. Mit Salz abschmecken. Die Sommerbutter gleichmäßig auf einem Stück Frischhaltefolie verteilen und zu einer Rolle formen. So verpackt in den Kühlschrank legen und ca. 2 Stunden erkalten lassen.
Zum Servieren portionsweise in Scheibchen schneiden und als Brotaufstrich oder zu Fisch, Fleisch und Geflügel reichen.

TIPP: Zesten von ½ Zitrone – vorher unter fließendem heißem Wasser abwaschen – geben der Butter zusätzliche Frische.

SOMMERDRESSING: GRÜNES PESTO UND HIMBEERSAFT

VEGAN/GLUTENFREI

Sommerzeit ist Salatzeit. Dieses Dressing passt zu knackigen Blattsalaten genauso gut wie zu Rohkostsalaten mit Salatgurke, Tomaten oder anderem Gemüse. Ich persönlich mag es auch auf klassischem Frühlingsgemüse wie frischen Spinatblättern oder hauchfein gehobeltem Kohlrabi, aber auch zu Feldsalat, der zu den traditionellen Herbst- und Wintersalaten zählt.

ZUBEREITUNGSZEIT:
ca. 2–3 Minuten

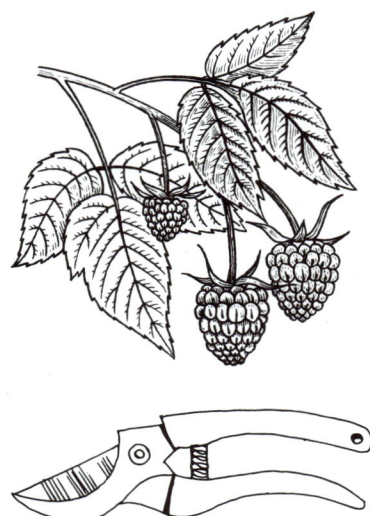

ZUTATEN
2 gehäufte EL grünes Pesto aus dem Glas, sprich Basilikum-Pesto – du kannst das Dressing wahlweise mit rotem Pesto (Pesto rosso) zubereiten; das schmeckt auch gut
2–3 EL Olivenöl
ca. 80 ml Himbeersaft
1–2 EL Balsamicoessig
Salz und frisch gemahlener Pfeffer

AUSSERDEM: Messbecher, mittelgroße Schüssel, Gabel

ZUBEREITUNG
Pesto, Olivenöl, Himbeersaft und Balsamicoessig in eine mittelgroße Schüssel geben und mit einer Gabel gut mischen. Mit Salz und Pfeffer abschmecken. Das Dressing mit dem Salat deiner Wahl vermengen.

SOMMERSUPPE: GURKEN-BUTTER-MILCH-KALTSCHALE MIT TOMATEN-KRÄUTERBUTTER UND BAUERNBROT

VEGETARISCH/
OHNE BROT GLUTENFREI

Wenn im Sommer die Hitze über dem Asphalt schwirrt, dann ist es bei uns in dem kleinen Café, in dem ich regelmäßig koche, Zeit für Gurkenkaltschale. Statt der im Rezept angegebenen Buttermilch verwenden wir dort Naturjoghurt, mir persönlich aber sagt Buttermilch vom Geschmack her mehr zu. Damit unsere Gäste mittags auch richtig satt werden, servieren wir dazu herzhaftes Brot und selbst gemachte Kräuterbutter, die von den Zutaten her immer wieder variiert; die Tomaten-Kräuterbutter ist aber mein heimlicher Favorit.

ZUBEREITUNGSZEIT:
ca. 20 Minuten
+ ca. 60 Minuten Kühlzeit für die Butter und die Kaltschale

ZUTATEN
Für die Tomaten-Kräuterbutter
150 g zimmerwarme Butter
2 EL Tomatenmark
1 Knoblauchzehe
1 EL frischer Dill, gewaschen, trocken getupft und fein gehackt

1 EL glatte Petersilie, gewaschen, trocken getupft und fein gehackt – wahlweise Schnittlauchröllchen
Zesten von 1 Zitrone – Schale vorher unter fließendem heißem Wasser abwaschen
Salz

Für die Kaltschale
2–3 große Salatgurken (ca. 1 kg), geschält, von den Kernen befreit und fein geraspelt
500 ml Buttermilch
50 g Sahne
1–2 EL Weißweinessig
½ TL Zucker
¼ TL Cayennepfeffer
2 EL frischer Dill, gewaschen, trocken getupft und fein gehackt
evtl. etwas kaltes Wasser
Salz und evtl. frisch gemahlener Pfeffer
evtl. 1 rote Chilischote, gewaschen und in feine Ringe geschnitten
Olivenöl
und dein Lieblingsbrot

AUSSERDEM: mittelgroße Schüssel, Rührgerät mit Knethaken, Frischhaltefolie, Reibe, große Schüssel, Pürierstab oder Küchenmaschine

ZUBEREITUNG

Zuerst die Kräuterbutter zubereiten. Dazu die zimmerwarme Butter zusammen mit Tomatenmark, Knoblauch, Dill, Petersilie und Zitronenzesten in eine mittelgroße Schüssel geben und mithilfe des Rührgeräts vermischen. Mit Salz abschmecken und noch mal gut verrühren. Die Tomaten-Kräuterbutter auf Frischhaltefolie geben und zu einer Rolle formen. Die Butterrolle im Kühlschrank für 60 Minuten kalt stellen.

Für die Kaltschale Gurkenraspel, Buttermilch, Sahne, Essig, Zucker, Cayennepfeffer und frischen Dill in eine Schüssel oder in die Küchenmaschine zum Pürieren geben. Eventuell etwas kaltes Wasser zugeben, falls dir die Suppe zu dickflüssig ist. Für 60 Minuten in den Kühlschrank stellen.

Kurz vor dem Servieren die Kaltschale mit Salz und evtl. frisch gemahlenem Pfeffer abschmecken. Portionsweise in tiefe Teller oder Schalen füllen, evtl. mit Chiliringen garnieren und mit Olivenöl beträufeln. Dazu dein Lieblingsbrot und in Scheiben geschnittene Tomaten-Kräuterbutter servieren.

HIRSE-TABOULÉ MIT WASSERMELONE, SCHAFSKÄSE UND PETERSILIEN-PESTO

GLUTENFREI

Wassermelonen werden hierzulande nur für den privaten Gebrauch angebaut, für den Verkauf beim Obst- und Gemüsehändler oder in den Supermärkten werden sie in der Regel aus den südlichen Nachbarländern importiert. Hin und wieder findet man auf Bauernmärkten Melonen aus Eigenanbau, und deswegen hat das folgende Rezept auch Einzug in dieses Buch gehalten.

Als Taboulé wird in der Regel ein traditioneller orientalischer Salat mit Bulgur oder Couscous bezeichnet, dessen Hauptzutaten Petersilie, Minze, Tomaten und Zitrone sind.

ZUBEREITUNGSZEIT:
ca. 20 Minuten
+ ca. 30 Minuten Abkühlzeit für die Hirse
+ ca. 60 Minuten Kühlzeit für das fertige Taboulé

ZUTATEN
Für das Taboulé
200 g Hirse
Salz
150 g Schafskäse
500 g Wassermelone (Nettogewicht) – halte nach kernlosen Melonen Ausschau!
50 ml Apfelsaft

Für das Pesto
1 großes Bund glatte Petersilie, gewaschen, trocken getupft und mitsamt den Stielen grob geschnitten
2 EL Olivenöl
1 Knoblauchzehe, geschält und grob geschnitten
Saft und Zesten von 1 Zitrone – Schale vorher unter fließendem heißem Wasser abwaschen
Salz

AUSSERDEM: Topf, große Salatschüssel, Küchenmaschine oder Mörser

ZUBEREITUNG
Die Hirse in einen Topf zusammen mit 400 ml Wasser und einer Prise Salz geben. Kurz aufkochen lassen und danach auf mittlerer Flamme bei geschlossenem Deckel gar köcheln. Vom Herd nehmen und bei geschlossenem Deckel ca. 10 Minuten ruhen lassen. In eine große Salatschüssel geben. Beiseitestellen, bis die Hirse komplett abgekühlt ist.
Für das Pesto Petersilie, Olivenöl, Knoblauch und Zitronensaft in der Küchenmaschine oder im Mörser zu einer Paste verarbeiten. Abschließend die Zitronenzesten unterrühren und mit Salz abschmecken.
Das Pesto unter die abgekühlte Hirse rühren. Schafskäse, Melone und Apfelsaft zugeben und vorsichtig unterheben. 60 Minuten in den Kühlschrank stellen. Vor dem Servieren evtl. mit Salz abschmecken.

EXTRA: RÄUCHERN

Mindestens einmal im Jahr treffe ich mich mit meinem Freund Carsten in dessen Wahlheimat Österreich. Der gebürtige Ostfriese arbeitet südlich von Wien in einem privaten Haushalt als Koch. Carsten kocht und bäckt nicht nur für eine vierköpfige Familie, er legt auch Gemüse ein, kocht Marmeladen, entsaftet Obst, fermentiert Kohl und räuchert mitunter schon auch mal eine Entenbrust in seinem Garten. Dazu benutzt er ein kleines Räucherset, das im häuslichen Rahmen speziell für das sogenannte »Kalträuchern« verwendet wird. Das Fleisch – Carsten verwendet vorwiegend Geflügel – »mariniert« dabei quasi 24 Stunden, manchmal noch länger, in zwischen 15 und 25 Grad »kaltem« aromatisiertem Rauch, bis es gar ist. Das Ergebnis ist umwerfend, zart und aromatisch.

Unweit meiner Heimatstadt Tegernsee wird eine andere Form des Räucherns angewandt: In der »Herzoglichen Fischzucht« räuchert man Forellen, Saiblinge und Lachs ganz traditionell in einem alten, malerischen Steinhäuschen mithilfe von 80 (bei Saiblingen und Forellen) bzw. 125 Grad (beim Lachs) heißem Erlenrauch, der den Fischen eine wunderbar würzige Note verleiht.

Erreicht man nach einer Wanderung die kleine Fischzucht, dann fallen sofort die vielen flachen Steinbecken auf, in denen die Fische elegant ihre Runden drehen. Von einem nahen Steilhang plätschert in schnellem Tempo ein schmaler Bach, der die Becken mit frischem Wasser und Sauerstoff versorgt. Der Bach entspringt weiter oben aus einer alten, eisenhaltigen Heilquelle, die seit mehr als hundert Jahren Menschen aus Nah und Fern anzieht und dem nahegelegenen Ort das Prädikat »Wildbad« verliehen hat. In diesem klaren, kalten Heilwasser herrschen für heimische Fischarten optimale Bedingungen für ein artgerechtes und gesundes Heranwachsen – und das schmeckt man auch!

Bevor die Fische in den heißen Rauch gehängt werden, baden sie über Nacht in einem Salz-Gewürz-Sud, dessen Rezeptur natürlich streng geheim ist. Erst danach landen sie, fein säuberlich aufgereiht im alten Steinhaus, direkt neben den Zuchtbecken. Gleich daneben steht eine kleine Holzhütte, in der man die frisch geräucherten Fische, noch warm aus dem Räucherofen kommend und mit Brot und Meerrettich serviert, gleich vor Ort verkosten kann.

Da sitzen dann die Einheimischen an einem der beiden langen Tische in trauter Einigkeit mit ein paar Touristen, die sich zu der entlegenen Fischzucht verirrt haben, um mit dem Bier, das im Tegernseer Tal gebraut wird, anzustoßen. Man genießt gemeinsam den herrlichen Fisch und redet stundenlang über Gott und die Welt. Man ist sich einig: Hier, an diesem verwunschenen Ort, treffen wir uns irgendwann einmal wieder – auf einen Fisch und einen Krug schäumendes Bier!

Das Räuchern ist, neben dem Pökeln, eine uralte Form des Konservierens von Fisch bzw. Fleisch, aber es dient nicht nur dem Haltbarmachen, sondern auch der Aromabildung.
Generell finden die üppigen Ernten im Sommer auch Verwendung, um sich auf den Winter vorzubereiten. Wir können Obst trocknen oder zu Marmeladen und Kompott verarbeiten und Gemüse fermentieren oder auf verschiedenste Weise einwecken. Carsten und ich legen im Sommer auch gerne Früchte und Beeren in Schnaps ein, um uns dann an kalten Wintertagen damit von innen heraus zu wärmen.

MAMAS WELTBESTER NUDELSALAT

VEGETARISCH

Jeder von uns hat Lieblingsspeisen aus der Kindheit, und meistens sind es die einfachen Gerichte, die unser Herz auch noch als Erwachsene höherschlagen lassen. Ich wurde in den 70er-Jahren groß, und ich erinnere mich noch sehr gut an die Essensgewohnheiten jener Zeit. Nudelsalat war damals ganz groß in Mode, und keine Party, kein Grillabend und schon gar kein langer Badetag am See war ohne Nudelsalat komplett. Jede Familie hatte – und hat bestimmt heute noch! – eine andere Art der Zubereitung für diesen Klassiker, und immer schmeckte der eigene natürlich am allerbesten!

Mamas Nudelsalat ist für mich und meine Schwester also in Tat der beste auf der ganzen Welt, und obwohl er sehr einfach daherkommt und die Salatsoße vielleicht auf den ersten Blick etwas seltsam anklingt, kann ich dich nur dazu ermutigen, das Rezept auszuprobieren.

Für eine Party oder einen Grillabend mit Gästen oder lieben Freunden kannst du 500 g Nudeln nehmen und die restlichen Mengenangaben entsprechend angleichen.

ZUBEREITUNGSZEIT:
ca. 20 Minuten
+ ca. 2 Stunden Kühlzeit

ZUTATEN

Für das Dressing
ca. 200 g Mayonnaise »light« aus dem Glas – leider schmeckt der Salat mit selbst gemachter Mayonnaise nicht annähernd so gut und authentisch wie mit dem Fertigprodukt aus dem Supermarkt
ca. 3–4 EL Weißwein- oder Apfelessig
ca. 150 ml kaltes Wasser
Salz und frisch gemahlener Pfeffer

Für den Salat
300 g kurze Nudeln (z.B. kurze Makkaroni oder Penne), in reichlich Salzwasser al dente gekocht und danach komplett abgekühlt
½ Salatgurke (ca. 200 g), gewaschen und in dünne Scheiben geschnitten
200 g Cocktailtomaten, gewaschen, vom Grün befreit und geviertelt
2 EL frischer Dill, gewaschen, trocken getupft und fein gehackt + etwas Dill zum Garnieren
2 EL Schnittlauch, gewaschen, trocken getupft und in feine Röllchen geschnitten
1 hart gekochtes Ei (L), geschält und geviertelt – kannst du auch weglassen

AUSSERDEM: mittelgroße Schüssel, große Salatschüssel

ZUBEREITUNG

Für das Dressing Mayonnaise und Essig in einer Schüssel verrühren. So viel kaltes Wasser (ca. 150 ml) zugeben, bis das Dressing sehr flüssig ist. Aufgepasst, du brauchst richtig viel Salatsoße, denn die Nudeln »schlucken« Flüssigkeit! Kräftig mit Salz und Pfeffer abschmecken. Bei Bedarf noch etwas Mayonnaise und/oder Essig zugeben, bis du das Gefühl hast, dass das Ganze gut ausbalanciert schmeckt. Das Dressing sollte eine gut wahrnehmbare Essignote haben. Beiseitestellen.

Für den Salat Nudeln, Gurke, Tomaten und Kräuter in eine große Salatschüssel geben und vermengen. Das Dressing zugeben und gut unterrühren. Für ca. 1,5–2 Stunden abgedeckt in den Kühlschrank stellen, damit der Nudelsalat gut durchziehen kann.

Vor dem Servieren eventuell noch mal mit Essig, Salz und Pfeffer abschmecken. Zum Abschluss die Eierviertel gleichmäßig auf dem Salat verteilen und alles mit etwas Dill bestreuen.

TIPPS: Im Sommer gibt es diese herrlichen kleinen Gärtnergurken, die zwar wie Salatgurken schmecken, aber in der Regel fester in der Konsistenz sind und weniger Kerne haben. Meine Mutter und ich verwenden sie gerne statt der herkömmlichen »Schlangengurken«.

PASTA MIT TOMATENSOSSE

VEGAN

Gerade bei Tomatensoße sind wir es gewohnt, auf Dosentomaten oder passierte Tomaten aus dem Tetrapack zurückzugreifen – und das kann auch richtig gut schmecken! Aber Sommerzeit ist Tomatenzeit, und eine frische Tomatensoße ist mit nichts auf der Welt zu vergleichen. Wie bei so vielen vermeintlich einfachen Gerichten ist es wahrlich eine Kunst, eine perfekte Tomatensoße aus frischen Tomaten auf den Tisch zu bringen. Das Wichtigste dabei sind beste Zutaten, der richtige Reifegrad der Tomaten und Zeit, denn die Soße muss ein bisschen vor sich hin köcheln, damit sich alles gut verbinden kann.

Mein Rezept stammt, wie könnte es auch anders sein, aus Italien. Als ich noch ein kleines Mädchen war, fuhren meine Eltern mit mir und meiner Schwester im Sommer immer auf einen kleinen Bauernhof südlich von Venedig, direkt am Meer. Auf diesem Hof lebte eine alte Bäuerin, die wir Kinder »Nonna Scarpi« riefen und die ein paar Felder bewirtschaftete, auf der sie hauptsächlich Erbsen, Zucchini und Tomaten anbaute. Ich liebte es, ihr beim Hegen und Pflegen der Pflanzen und beim Ernten des Gemüses zu helfen, und bis heute habe ich jeden Arbeitsschritt, den Nonna Scarpi bei der Zubereitung ihrer köstlichen Tomatensoße vornahm, lebhaft vor Augen.

Der Trick beim Zubereiten der Soße ist, neben der langen Kochzeit, denn wirklich Gutes braucht einfach Zeit, das Verwenden von zwei verschiedenen Zwiebelsorten, denn die Süße der roten Zwiebel gleicht die Säure der Tomaten aus, während die normale Haushaltszwiebel der Soße Würze verleiht. Außerdem ist es wichtig, dass Kerne und Haut der Tomaten mitgekocht werden, denn in ihnen befinden sich Bitterstoffe, die wichtig für den Geschmack sind.

ZUBEREITUNGSZEIT:

ca. 20 Minuten
+ 60 Minuten Kochzeit

ZUTATEN

3–4 EL kalt gepresstes Olivenöl
1 mittelgroße Haushaltszwiebel, geschält und fein geschnitten
1 mittelgroße rote Zwiebel, geschält und fein geschnitten
2 Knoblauchzehen, geschält und fein geschnitten
1,5 kg reife und dennoch feste Tomaten (am besten eignen sich Eier- bzw. Flaschentomaten, aber es geht auch mit anderen Sorten; achte auf beste Qualität, dann kann nichts schiefgehen), gewaschen, vom Grün befreit und in kleine Stücke geschnitten
Salz (bevorzugt Meersalz – ausnahmsweise und im Gedenken an Nonna Scarpi!) und frisch gemahlener Pfeffer
500 g Pasta deiner Wahl
evtl. frisch geriebener Parmesan

AUSSERDEM: 2 große Töpfe, Abtropfsieb

~~~~~~~~~~~~~~~~~~~~~~~

ZUBEREITUNG

Das Olivenöl in einen großen Topf geben und erhitzen. Zwiebeln und Knoblauch zugeben, die Hitze auf mittlere Flamme reduzieren und ca. 3–4 Minuten unter Rühren dünsten, bis die Zwiebeln glasig sind.

Die Tomatenstücke zugeben und gut unterrühren. Ca. 5 Minuten auf mittlerer Flamme köcheln lassen, dann die Hitze auf kleine Flamme reduzieren und die Soße 60 Minuten mit geschlossenem Deckel köcheln. Gelegentlich umrühren und falls nötig – je nach Herd – nach der Hälfte der Garzeit die Hitze wieder auf mittlere Flamme erhöhen.

20 Minuten bevor die Soße fertig ist, reichlich Wasser für die Nudeln in einem großen Topf erhitzen und großzügig salzen. Es gibt Köche, die das Salzwasser abschmecken, bevor sie die Pasta hineingeben. Das macht Sinn, denn die Nudeln nehmen nach dem Kochvorgang kein Salz mehr auf und würden ohne Salz recht fade schmecken. Das Kochwasser darf also durchaus salzig sein.

Die Nudeln deiner Wahl ins sprudelnde Wasser geben und nach Packungsvorlage al dente kochen.

Kein Öl ins Wasser geben, denn der Ölfilm um die Nudel verhindert, dass sie die Soße »in sich aufnehmen kann«. Die fertige Pasta durch ein Sieb geben (ich schrecke die Nudeln lediglich mit ein bisschen lauwarmem Wasser ab).

Gegen Ende der Kochzeit die Tomatensoße mit Meersalz und frisch gemahlenem Pfeffer abschmecken.

Zum Servieren Nudeln und Tomatensoße portionsweise in tiefe Teller geben und evtl. mit geriebenem Parmesan bestreuen.

TIPPS: Nonna Scarpi hat ihre Tomatensoße stets für sich sprechen lassen und keine Kräuter zugefügt, du kannst aber trotzdem auch frischen Rosmarin, Thymian oder ein bisschen getrockneten Oregano in die Soße geben. Ich selbst gebe nur Kräuter dazu, wenn ich mangels guter frischer Tomaten solche aus der Dose verwende – streng nach Nonna Scarpis Leitsatz: »Eine richtig gute Tomatensoße braucht nur Pasta und ein bisschen Parmesan!«

Manchmal hat unsere Nonna auch ein Stück Rinde von Parmesankäse in der Tomatensoße versenkt und mitkochen lassen, das gibt der Soße einen besonders würzigen Geschmack. Einfach die Rinde nach dem Kochen wieder entfernen.

Falls du einmal Pasta selbst zubereiten möchtest, solltest du den Teig immer mit einem Nudelholz ausrollen und anschließend händisch schneiden. Teig, der durch die Nudelmaschine gedreht wird, wird mürber als von Hand gefertigter Teig; die Pasta läuft dann beim Kochen eher Gefahr auseinanderzufallen.

Der vietnamesische Zenmeister Thich Nhat Hanh sagt, dass wir, wenn wir tief schauen, in allem das Licht der Sonne erkennen können, denn ohne die Sonne kann nichts und niemand wachsen und gedeihen. Kein Obst kann zur Reife kommen, kein Kind kann erwachsen werden, kein Same kann keimen, und nicht einmal der Regen könnte ohne sie entstehen. Wenn wir zudem erkennen, dass die Sonne ihr Licht und ihre Wärme allen zukommen lässt, können wir uns dies zum Vorbild nehmen, indem wir im Sinne der Nachhaltigkeit versuchen zu verstehen, dass alles Leben hier auf Erden ohne Ausnahme von ihr abhängt. Wir gehören alle dem gleichen Kreislauf an und sind aufs Tiefste voneinander abhängig und miteinander verbunden – schaden wir unserem Planeten, dann schaden wir uns selbst.

SONNENWENDE

Der Sommer ist die Zeit des Lichts, der langen Tage und der kurzen Nächte. Die Sonne bildet für alle Lebewesen hier auf Erden den Ursprung des Lebens, denn ohne sie, ohne ihr Licht und ihre Wärme, wäre das Leben, wie wir es kennen, auf diesem Planeten schlichtweg nicht möglich.

Die Sommersonnenwende, genau wie die Wintersonnenwende am 21. Dezember, hatte schon in heidnischer Vorzeit einen hohen Stellenwert. Die eigentliche Sonnenwende, also der Tag bzw. das Datum, an dem die Sonne im Jahreslauf ihren höchsten Stand am Himmel erreicht (zur Wintersonnenwende steht sie an diesem Tag am niedrigsten), ist am 21. Juni und damit auch der offizielle Sommeranfang, aber gefeiert wird der längste Tag des Jahres traditionell am 24. Juni, dem Ehrentag des heiligen Johannes. In den bayerischen Bergen, wo ich aufgewachsen bin, werden in den Sonnwendnächten, sommers wie winters, auf den Gipfeln riesige Feuer entzündet.

Das »Johannifeuer« zur Sommersonnenwende symbolisiert eine magische Nacht, in der denjenigen, die es wagen, über die lodernden Flammen zu springen, ein glückliches Jahr vorhergesagt wird. Dieser »Feuersprung« soll vor Krankheiten schützen und Liebende zusammenführen, überhaupt wird ihm eine reinigende Wirkung nachgesagt. Wer mutig über das Feuer springt, überlässt Altes den Flammen und öffnet sich für das Neue im kommenden Jahr.

In heidnischen Zeiten wurde mit den riesigen Feuern zur Winter- und zur Sommersonnenwende dem germanischen Gott Wotan gehuldigt. Wotan galt als allumfassender Vater und als Gott der Schöpfung, mit einem launischen Temperament, das es zu besänftigen galt. Damals hielten die Menschen lange Stöcke, an deren Enden mit Pech bestrichene Holzscheiben befestigt waren, in die lodernden Flammen. Sobald die Scheiben lichterloh brannten, wurden sie, von Wünschen begleitet, die Berghänge hinuntergeschleudert.

Ist das Feuer schließlich erloschen, wird die Asche auf den Feldern und in den Gemüsegärten verstreut, um so eine reiche Ernte anzuregen. Generell werden den Resten der Sonnwendfeuer, egal ob im Sommer oder im Winter, große magische Kräfte zugesprochen. So landen nicht wenige Kohlestücke nach dem Erkalten unter den Dachfirsten der Einheimischen, um deren Häuser vor Unglück und Blitzschlag zu schützen.

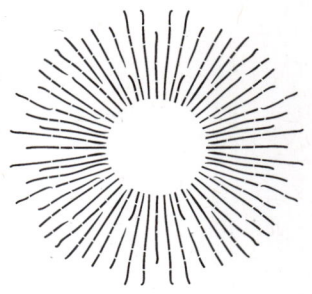

IN TOMATEN GESCHMORTE GRÜNE BOHNEN MIT FRISCHEN KRÄUTER-GERSTEN-GRAUPEN

VEGAN

Für dieses Buch bin ich weit gereist. Zum einen verschlug es mich nach Kalifornien, wo ich mich mit befreundeten Köchen und Köchinnen traf – ich habe dort vor vielen Jahren ein paar Monate lang in einem Zenkloster gekocht –, um mit ihnen die neusten Trends in Sachen Ernährung auf den Bauernmärkten und in diversen Küchen aufzuspüren. Zum anderen reiste ich mehrmals nach Portugal, um auf einer kleinen Biofarm auf den Feldern mitzuarbeiten und in einem Meditationszentrum für Hunderte von Menschen einfache und nahrhafte Gerichte zu kochen.

Das Obst und Gemüse, das in Kalifornien auf den lokalen Märkten feilgeboten wird, sucht meiner Meinung nach auf der ganzen Welt seinesgleichen, so unglaublich schmackhaft ist es. Aber auch das Biogemüse, das ich in Portugal ernten durfte, »haute« mich optisch, aber vor allem auch geschmacklich regelrecht um. Tomaten, Zucchini, Gurken, grüne Bohnen und selbst Rote Bete zergingen mir auf der Zunge. Sie schmeckten so sensationell intensiv, dass es meist nur etwas Salz und ein paar Kräuter brauchte, um sie im vollen Licht ihres jeweiligen Geschmacks erstrahlen zu lassen. Ich war hin und weg. Das folgende Gericht kochte ich nach der Ernte von sogenannten »Ochsenherzen« – das sind diese großen, wohlschmeckenden Tomaten – für meine Freunde in Portugal. Die Bohnen hatte ich auf dem Wochenmarkt gekauft.

Wie du auf dem Bild sehen kannst, mussten wir den großen Topf zum Servieren auf den Kiesboden vor dem Haus stellen, weil unser Gartentisch zu klein war. Wir aßen an diesem lauen Sommerabend den ganzen Topf leer. Dazu gab es, anders als in dem Rezept hier, Reis, der in Portugal traditionell zu vielen Schmorgerichten gegessen und vor Ort auch angebaut wird.

ZUBEREITUNGSZEIT:
ca. 40 Minuten

ZUTATEN
Für die Bohnen
1 kg Busch- oder Stangenbohnen, gewaschen, von den Fäden befreit und in mundgerechte Stücke geschnitten
Salz
3 EL Olivenöl
1 große Zwiebel, geschält und fein geschnitten
2 Knoblauchzehen
1 kg reife Tomaten (bevorzugt Fleischtomaten oder Ochsenherzen), gewaschen, vom Grün befreit und grob gewürfelt
1 Zweig Rosmarin, gewaschen und trocken getupft
2 TL getrockneter Oregano – wahlweise
1 TL getrocknetes Bohnenkraut
evtl. frisch gemahlener Pfeffer

Für die Gerstengraupen
400 g Gerstengraupen, unter fließendem kaltem Wasser gewaschen
Salz
1 EL Olivenöl – wahlweise 30 g Butter, dann ist das Gericht aber nicht mehr vegan
1 Bund frisches Basilikum, gewaschen, trocken getupft und fein gehackt – oder Dill statt Basilikum, das schmeckt zwar ungewohnt, aber auch lecker
2 EL frischer Schnittlauch, gewaschen, trocken geschüttelt und in Röllchen geschnitten

AUSSERDEM: 2 große Töpfe, Sieb

ZUBEREITUNG
Für die Bohnen einen großen Topf mit reichlich Wasser füllen und zum Kochen bringen. Großzügig salzen und die Bohnen zugeben. In ca. 5–7 Minuten gar kochen, dann durch ein Sieb abgießen und mit kaltem Wasser abschrecken. Beiseitestellen.
Im gleichen Topf das Olivenöl erhitzen. Zwiebeln und Knoblauch darin glasig dünsten. Die Hitze auf mittlere Flamme reduzieren. Die Tomaten zugeben und unterrühren, 3–4 Minuten köcheln lassen. Bohnen, Bohnenkraut, Pfeffer, Rosmarin und Oregano unterrühren und bei geschlossenem Deckel ca. 10 Minuten köcheln lassen. Den Herd ausschalten und die Bohnen auf der Platte weiter ziehen lassen, bis die Graupen gar sind.

Die Gerstengraupen in ein Sieb geben und unter fließendem kaltem Wasser waschen, bis das Wasser klar wird. Einen großen Topf mit reichlich Wasser füllen und zum Kochen bringen. Großzügig salzen und die Gerstengraupen zugeben. In ca. 20 Minuten gar kochen. Durch das Sieb abgießen und zurück in den Topf geben.
Öl oder Butter unter die Graupen rühren. Die Kräuter zugeben und gut verrühren. Bohnen und Graupen portionsweise auf Tellern anrichten und servieren.

TIPP: Gerstengraupen sind von der Konsistenz und vom Geschmack her eine gute Alternative zu Reis. Kartoffeln oder knuspriges Weißbrot passen aber auch super zu diesem einfachen Gericht.

DAS SOLLTEST DU WISSEN

Viele Gerichte, die wir kochen, werden, ohne dass wir groß darüber nachdenken, mit Salz und Pfeffer abgeschmeckt. Im Gegensatz zu Salz, das in vielen Ländern Europas, vor allem entlang der Meeresküsten, gewonnen und hierzulande beispielsweise im bayerischen Bad Reichenhall aus den Tiefen des Gebirges geholt wird, ist der Pfeffer ein importiertes Gewürz aus Asien. Es gibt weltweit ca. 700 bekannte Pfeffersorten. Im Mittelalter bezeichnete man den Pfeffer als »schwarzes Gold«, und genauso kostbar wie das edle Gestein war er damals auch. Sogar Kriege entbrannten seinetwegen.

Schwarzer Pfeffer wird aus den unreifen grünen Pfefferkörnern, die sich während des Trocknens an der Sonne binnen zwei Tagen schwarz färben, gewonnen. Weißer Pfeffer ist reifer Pfeffer, dessen rote Haut entfernt wurde; er ist deutlich milder als sein schwarzer Verwandter.

Der Geschmack von Pfeffer ist unvergleichlich und verleiht im wahrsten Sinne des Wortes einer Mahlzeit den »letzten Pfiff«. Bis jetzt habe ich keine wirklich regionale Alternative dazu gefunden, aber immerhin gibt es heutzutage fair gehandelten Pfeffer aus biologischem Anbau.

FORELLE »BLAU« MIT WILDKRÄUTER-JOHANNISBEER-SALAT

GLUTENFREI

Forelle »blau« ist mein ultimatives Lieblingsessen – und das bereits seit Kindertagen! Andere Kinder mochten Nudeln mit Tomatensoße, Schnitzel oder Pizza, ich liebte fangfrische Forelle im Essigsud. Rein optisch macht so ein »blauer« Fisch nicht viel her, deswegen ist die schöne Forelle auf dem Bild im rohen Zustand abgebildet, und auch das Rezept ist denkbar einfach, aber der Geschmack ist für mein Empfinden einzigartig.

ZUBEREITUNGSZEIT:

ca. 30 Minuten

ZUTATEN (FÜR 2 PERSONEN)

Für den Sud
reichlich Wasser (ca. 5 l) – der Fisch muss im Topf »schwimmen«
1 mittelgroße Zwiebel, geschält
2–3 Lorbeerblätter
3–4 EL Weißweinessig – wahlweise Apfelessig
Salz
und 1 große bzw. 2 kleine Forellen, fangfrisch

Für den Salat
3–4 EL Rapsöl
2–3 EL Apfelessig
1 TL Honig
Salz und frisch gemahlener Pfeffer

2 große Handvoll Wildkräutersalat (bekommst du auf dem Bauernmarkt und im Supermarkt oder du stellst ihn dir aus Rucola, Brunnenkresse, Blattsalat, Sauerampfer und diversen frischen Kräutern selbst zusammen), gewaschen und trocken geschleudert
1 Handvoll Rote Johannisbeeren

AUSSERDEM: großer Topf, kleine Schüssel, Schaumkelle, Platte zum Anrichten, Salatschüssel, Schalen zum Anrichten

～～～～～～～～～

ZUBEREITUNG

Für den Sud reichlich Wasser, Zwiebel, Lorbeerblätter, Essig und 1 Teelöffel Salz in einen großen Topf geben und zum Kochen bringen. Anschließend die Hitze auf kleine Flamme reduzieren, sodass der Sud lediglich simmert.
Die Forelle(n) unter fließendem kaltem Wasser säubern, dann auf beiden Seiten leicht salzen. In den Sud geben und ca. 10–12 Minuten garen. Der Fisch ist gar, wenn du die Brustflosse ohne Mühe rausziehen kannst.
Während der Fisch im Sud simmert, das Dressing für den Salat zubereiten. Dazu Rapsöl, Apfelessig und Honig in eine kleine Schüssel geben und gut verrühren. Mit Salz und frisch gemahlenem Pfeffer abschmecken.
Die Forelle mit einer Schaumkelle aus dem Sud heben und zum Servieren auf eine große Platte legen. Den Salat portionsweise in Schalen geben, das Dressing

untermischen und Johannisbeeren darüber verteilen.

TIPPS: In unserer Familie schwören wir auf den folgenden Ratschlag meiner Großeltern in Bezug auf fangfrische Forellen. Er gilt im Grunde für alle frischen Fische: Über Nacht in den Kühlschrank legen, damit sich nach dem Fang bzw. nach dem Töten und Ausnehmen der Forelle die Nerven beruhigen (Fische zappeln oft noch lange nach, obwohl sie schon längst tot sind).

Zu Forelle »blau« passen auch Salz- oder Petersilienkartoffeln als weitere Beilage. Meine Großmutter reichte zusätzlich noch reichlich geschmolzene Butter, die wir über die Kartoffeln gossen.

DAS SOLLTEST DU WISSEN

Forellen brauchen klares, sauberes Wasser mit einer ausreichenden Sauerstoffzufuhr, deswegen findet man sie in freier Wildbahn ausschließlich in fließenden Gewässern mit Trinkwasserqualität oder in Seen mit ausreichendem Zufluss in Form von Flüssen und Bächen. Werden Forellen in Zuchtbecken aufgezogen, dann gilt eine einfache Formel, die garantiert, dass die Tiere artgerecht gehalten werden: Bei 100 Liter Wasserzufuhr pro Sekunde sollten höchstens 10 Tonnen Fisch gehalten werden.

Als ich vor vielen Jahren meinen ersten dreiwöchigen Aufenthalt in einem buddhistischen Kloster antrat, erfuhr ich von meinem Meditationslehrer, dass wir auf geheimnisvolle Weise mit allem tief verbunden sind und dass wir, wenn wir zum Beispiel eine Möhre essen, auch die Erde, in der sie gewachsen ist, die Sonne, von der sie beschienen wurde, und den Regen, der sie wässerte, in uns aufnehmen. Da musste ich daran denken, was mir einst mein Vati über die Forellen und die Lebendigkeit des Baches erzählt hatte – und dass ich im Grunde nicht nur die Forelle, sondern mit ihr auch das kristallklare Wasser, sprich ihren Lebensraum, und sogar die Erinnerungen an die Liebe meines Großvaters zu mir in mich aufnehme, wenn ich sie esse.

EXTRA: FORELLE

Denke ich an die Sommer meiner Kindheit zurück, dann habe ich oft den großen Garten meiner Großeltern mütterlicherseits im Sinn. Mein Großvater, den wir alle – Kinder wie Enkelkinder – Vati riefen, war Pächter eines Baches, der sich, gesäumt von Weiden und Butterblumen, am Grundstück entlangschlängelte, um später durchs Dorf und dann immer weiter in eine uns unbekannte Richtung zu rauschen. Die Erhaltung dieses natürlichen Bachlaufs bedeutete unserem Vati sehr viel, aber seine größte Leidenschaft galt den wilden Forellen, die dort im klaren, kalten Wasser lebten, und dem kleinen Teich im Garten, in dem er seine eigenen Forellen züchtete. Er liebte seine Fische so sehr, dass er sie nicht essen wollte, ganz im Gegensatz zum Rest der Familie: Forelle »blau«, sprich im Essigsud gekocht, war und ist das absolute Lieblingsgericht unserer gesamten Sippe.

Bereits im zarten Alter von fünf Jahren weihte mich mein Großvater in die Kunst des Ausnehmens einer frisch gefangenen Forelle ein. Er zeigte mir, wie man mit einem kleinen, scharfen Messer den Bauch öffnet, um dann behutsam die Innereien zu entfernen. Dabei muss man aufpassen, dass die Gallenblase nicht beschädigt wird, sonst läuft man Gefahr, dass das Fleisch ungenießbar wird. Vatis zärtlicher Umgang mit den toten Fischen hinterließ bei mir einen bleibenden Eindruck. Liebevoll und geduldig erklärte er mir die einzelnen Organe, zeigte mir die Schönheit der kleinen Herzen und erläuterte mir, dass Forellen nur in besonders sauberem Wasser leben könnten und dass wir beim Verzehr der Tiere nicht nur ihr Fleisch, sondern auch die Lebendigkeit des Baches in uns aufnehmen würden.

Später, als ich größer war, interessierte ich mich, dank der Karl-May-Bände, die mir mein Papa regelmäßig zu Weihnachten schenkte, eine Zeit lang für die Kultur und Geschichte der Indianer und verschlang alles, was ich an Wissen darüber in Büchern finden konnte. Ich erfuhr, dass diese Menschen sehr respektvoll mit den Körpern der Tiere, die sie auf der Jagd erlegt hatten, umgingen. Bevor sie die Kadaver zerlegten und zum Verzehr vorbereiteten, bedankten sie sich in Form von Ritualen bei ihnen dafür, dass sie ihr Leben gelassen hatten, um sie selbst und ihre Familien zu ernähren.

BAYERISCHER ZWETSCHGENDATSCHI MIT MARZIPANSTREUSELN

VEGETARISCH

Mandeln, die Hauptzutat für Marzipan, wachsen nicht in unseren Gefilden, dennoch muss dieses Rezept einfach veröffentlicht werden. Es stammt von meiner Großmutter mütterlicherseits, die zugegebenermaßen eine grottenschlechte Köchin war, was immer für enorme Heiterkeitsausbrüche in unserer Familie am Mittagstisch sorgte. Aber ihr »Datschi« war einfach eine Wucht – vielleicht weil sie das Rezept von einer guten Freundin hatte.

Viele Kindheitserinnerungen verbinde ich mit nachmittäglichen Kaffeerunden im Garten meiner Omi, wie wir sie nannten. Ich sehe heute noch den großen, quietschgelben Sonnenschirm, unter dem die Tafel gedeckt war, und höre das eifrige Summen der Wespen, die mit viel Gekreische von den Erwachsenen vom leckeren Zwetschgendatschi verscheucht wurden.

ZUBEREITUNGSZEIT:

ca. 40–45 Minuten
+ 75 Minuten Ruhe- und Kühlzeit für Teig und Streusel
+ ca. 40 Minuten Backzeit

ZUTATEN (FÜR 1 BLECH)

Für den Vorteig
1 Würfel frische Hefe (à 42 g)
3 EL lauwarmes Wasser
1 EL Weizenmehl (Type 405)
¼ TL Zucker

Für den Teig
500 g Weizenmehl (Type 405)
1 EL neutrales Öl (z.B. Sonnenblumenöl)
¼ l lauwarme Milch (Vollmilch oder fettarm)
3 zimmerwarme Eier (M)
1 Prise Salz

Für die Streusel
125 g zimmerwarme Butter
150 g Weizenmehl (Type 405)
200 g Backmarzipan

Für den Belag
1,5 kg Zwetschgen, gewaschen, entsteint und halbiert
3 EL Zucker
evtl. ½ TL Zimtpulver

AUSSERDEM: 2 kleine Schüsseln, sauberes Geschirrhandtuch, große Schüssel, evtl. Rührgerät mit Knethaken, mittelgroße Schüssel, Klarsichtfolie, Mehl zum Bestäuben der Arbeitsfläche, Nudelholz, Backpapier, Backblech

ZUBEREITUNG

Zuerst den Vorteig zubereiten. Dazu die frische Hefe in eine kleine Schüssel bröckeln. Lauwarmes Wasser, Mehl und Zucker zugeben und mit einem Geschirrhandtuch abdecken. 15 Minuten »gehen« lassen.

Für den Teig das Weizenmehl in eine große Schüssel geben. Den aufgegangenen Vorteig und die restlichen Zutaten für den Teig zugeben und – entweder mit dem Rührgerät oder mit gewaschenen Händen – verkneten, sodass ein glatter, elastischer Teig entsteht. Eventuell noch etwas Mehl zugeben, der Teig sollte nicht an den Fingern kleben bleiben.

Mit einem Geschirrhandtuch abdecken und weitere 60 Minuten »gehen« lassen. Gleich nachdem der Teig zum Ruhen beiseitegestellt wurde, die Streusel zubereiten, denn sie müssen vor dem Backen 60 Minuten lang in den Kühlschrank gestellt werden.

Alle Zutaten für die Streusel in eine mittelgroße Schüssel geben und locker verkneten, sodass saftige Streusel entstehen. Mit Klarsichtfolie abdecken und für 60 Minuten in den Kühlschrank stellen. Die Streusel müssen eiskalt sein, damit sie beim Backen ihre Struktur behalten und nicht verlaufen.

Nach 1 Stunde den aufgegangenen Teig auf einer bemehlten Arbeitsfläche auf Backblechgröße ausrollen. Auf das mit Backpapier ausgelegte Blech legen. Den Backofen auf 200 Grad Ober-/Unterhitze bzw. ca. 180 Umluft vorheizen.

Den Teig eng mit den Zwetschgen belegen. Den Zucker großzügig darüberstreuen. Falls du dich für Zimt und Zucker entschieden hast (siehe Zutaten), vermische vorher beides in einer kleinen Schüssel gut miteinander.

Die Streusel aus dem Kühlschrank holen und gleichmäßig auf den Zwetschgen verteilen. Den Zwetschgendatschi auf mittlerer Schiene ca. 40 Minuten im Ofen backen, bis sich die Streusel und der Kuchenrand goldbraun verfärbt haben.

TIPP: Meine Omi hat die Streusel immer in Form kleiner Kleckse auf dem Datschi verteilt. Falls du aber flächendeckend Marzipanstreusel auf deinem Datschi haben willst, verdopple einfach die Mengenangabe für die Streusel.

»DAS BESTE VOM MARILLENKNÖDEL« GEDÜNSTETE MARILLEN MIT BUCHWEIZEN-HAFERFLOCKEN-STREUSELN

GLUTENFREI

Dieses Gericht ist aus einer »Not« heraus entstanden. Ich schreibe dieses Wort bewusst in Gänsefüßchen, denn wirkliche Not oder Mangel in Sachen Ernährung kennen die meisten von uns hier im Westen gar nicht. Doch zurück zum Rezept: Als es entstand, war ich gerade zu Besuch bei Freunden in Portugal. Rasmus, Susanne und die kleine Linn leben dort mitten auf dem Land und bauen, gemeinsam mit Freunden, biologisches Gemüse für den Eigenbedarf an. Eines Morgens fuhren Rasmus und ich auf den Markt nach Lagos, um zusätzlich Obst, Brot und Käse zu kaufen. Wir fanden einen Stand mit herrlichen Aprikosen (österreichisch: Marillen), die aber schon überreif und etwas »angeschlagen« waren. Ich beschloss, damit zu backen, und für 50 Cent das Kilo wechselten die Früchte ihren Besitzer. Das Rezept funktioniert übrigens auch mit Mirabellen, dann wird das Ganze aber ein bisschen säuerlicher.

Zurück auf der Farm stellten wir fest, dass wir nur noch winzige Reste an Buchweizenmehl hatten, an einen Kuchen war also nicht mehr zu denken. Die Familie lebt weitestgehend glutenfrei, so konnten wir uns bei den Nachbarn auch kein Weizenmehl ausborgen. Ich entschied mich also für einen schlichten Aprikosen-Crumble.

Als meine »Erfindung« verführerisch duftend aus dem Ofen kam, stürzten wir uns alle sofort darauf und kamen einstimmig zu dem Ergebnis, dass unser Aprikosen-Crumble nach Marillenknödel ohne Knödel schmecken würde, sprich nach der herrlichen Füllung und den knusprigen Buttersemmelbröseln, die diese österreichische Mehlspeise in der Regel krönen. Der Name des Gerichts war geboren: »Das Beste vom Marillenknödel«.

ZUBEREITUNGSZEIT:

ca. 20 Minuten
+ 60 Minuten Kühlzeit für die Streusel
+ ca. 20–25 Minuten Backzeit

ZUTATEN

<u>Für die Marillen</u>
20 g Butter
1 kg reife Marillen (wahlweise Mirabellen), gewaschen, entsteint und halbiert – richtig reife Marillen sind von der Farbe eher rötlich und erinnern mich immer an kleine, rote Pflaumen
Saft von ½ Zitrone

Für die Streusel

125 g zimmerwarme Butter

100 g Buchweizenmehl

100 g Haferflocken

1 Prise Salz

2 EL Rübenzucker – Zucker wird in
Deutschland generell aus Zuckerrüben
gewonnen; du kannst auch Vollrohrzucker verwenden, allerdings wird das
Zuckerrohr nicht hierzulande, sondern in
den Tropen angebaut

AUSSERDEM: große beschichtete
Pfanne oder großer Topf, mittelgroße
Schüssel, kleine Auflaufform

ZUBEREITUNG

Die Butter in einer großen beschichteten
Pfanne oder in einem großen Topf erhitzen. Marillen und Zitronensaft zugeben
und unter Rühren bei mittlerer Hitze
ca. 6–8 Minuten dünsten, bis sie weich
sind. Zum Abkühlen beiseitestellen.
Für die Streusel alle Zutaten in eine
mittelgroße Schüssel geben und so lange
mit den Händen – vorher waschen! –
verkneten, bis krümelige Streusel entstehen. Für 60 Minuten abgedeckt in den
Kühlschrank stellen. Die Streusel müssen
richtig kalt sein; warme Streusel zerlaufen
beim Backen, die typische Konsistenz
bleibt aus.

Den Backofen auf 220 Grad Ober-/Un-
terhitze bzw. 200 Grad Umluft vorheizen.
Die Marillen gleichmäßig in eine kleine
Auflaufform füllen. Die Streusel aus dem
Kühlschrank nehmen und gleichmäßig
auf dem Obst verteilen. Auf mittlerer
Schiene ca. 20–25 Minuten im Ofen
backen, bis sich die Streusel goldbraun
färben und die Marillen schön vor sich
hin blubbern.
Portionsweise in Schälchen füllen und
noch warm servieren.

TIPP: Dazu schmeckt frisch geschlagene
Sahne.

SOMMERMARMELADE: APRIKOSENMARMELADE MIT ROSMARIN

VEGETARISCH

Solange ich denken kann, ist Aprikosenmarmelade meine absolute Lieblingsmarmelade, und obwohl das Rezept schlichter nicht sein könnte, bekommt es hier einen Ehrenplatz. Mit dieser Marmelade verbinde ich viele schöne Erinnerungen: das morgendliche Marmeladenbrot vor der Schule, von Mama liebevoll in mundgerechte Vierecke geschnitten, das knusprige Sonntagsbrötchen vom Bäcker, beide Hälften dick mit eiskalter Butter und goldener Aprikosenmarmelade bestrichen, und Aprikosen-Biskuitrolle mit unfassbar viel Schlagsahne auf dem nachmittäglichen Kaffeetisch meiner Großmutter.

Du kannst den Rosmarin in diesem Rezept übrigens auch weglassen, aber er harmoniert wunderbar mit den Aprikosen und ist, nebenbei gesagt, mein Favorit in Sachen Küchenkräuter. In meiner Kindheit gab es diese geschmacklichen Verfeinerungen freilich noch nicht, da wurden nur die leckeren, reifen Früchte zu Marmelade verarbeitet.

ZUBEREITUNGSZEIT:
ca. 40 Minuten

ZUTATEN (FÜR CA. 8 GLÄSER)

1,5 kg reife Aprikosen, gewaschen und entsteint
1 großer Zweig Rosmarin, gewaschen und trocken getupft
500 g Gelierzucker (3:1)
ca. 10 g Zitronensäure (bekommst du im Supermarkt oder in der Drogerie) – wahlweise 20 g, falls du in deiner Marmelade etwas mehr Säure haben möchtest

WICHTIG: Bevor du mit dem Einkochen beginnst, bereite deine Einmachgläser vor, indem du sie in kochendem Wasser sterilisierst (siehe Tipp S. 76).

AUSSERDEM: großer Topf, Schaumkelle, Pürierstab, Schöpfkelle, Marmeladentrichter (bekommst du im gut sortierten Supermarkt oder im Haushaltswarengeschäft), ausreichend sterile Gläser mit Schraubverschluss

ZUBEREITUNG

Aprikosen und Rosmarin zusammen mit dem Gelierzucker in einen großen Topf geben. Alles gut verrühren und dann langsam auf kleiner bzw. mittlerer Flamme erhitzen.
Beginnt der Fruchtbrei zu blubbern, den Rosmarin entfernen und die Hitze für kurze Zeit auf große Flamme erhöhen; den Topfinhalt kräftig aufkochen lassen. Dann die Hitze wieder auf kleine Flamme reduzieren und die Fruchtmasse bei offenem Deckel ca. 15 Minuten sanft köcheln

lassen. Gelegentlich umrühren und entstehenden Schaum mit einer Schaumkelle entfernen.

Abschließend die Zitronensäure unterrühren und die »Gelierprobe« machen, indem du die Marmelade probierst. Ist die Fruchtmasse noch nicht fest genug, gegebenenfalls noch ein paar Minuten weiter köcheln lassen.

Den Topf vom Herd nehmen. Die Fruchtmasse mit einem Pürierstab leicht pürieren und noch heiß mit einer Schöpfkelle und mithilfe des Marmeladentrichters in die vorbereiteten Gläser füllen.

Die Gläser gut verschließen und kurz auf den Kopf stellen, damit sich ein Vakuum bilden kann, dann wieder umdrehen.

blättergolden – nebelzart – Wolkentreiben – sturmgebeugt –

Erntedank – regennass – windgepeitscht –

laubraschelnd – kastanienbraun

HERBST

Zeit der Ernte

OBST: Äpfel und Birnen, späte Pflaumen und Zwetschgen, Quitten, Weintrauben

NÜSSE: Haselnüsse, Walnüsse

GEMÜSE: Chinakohl, Chicorée, Endiviensalat, Esskastanien, später Fenchel, Knollensellerie, verschiedene Kohlsorten, Lauch, Möhren, Petersilienwurzeln, Pastinaken, Pilze, Rote Bete

DANKBARKEIT

Die Dankbarkeit zählt, neben Mitgefühl, Demut und Güte, zu den großen Tugenden der Menschheit. Ein mit Dankbarkeit erfülltes Herz strahlt Freude und Freundlichkeit aus. In den Herbst fällt das Erntedankfest, in dessen Rahmen sich die Menschen für die Gaben der Natur bedanken; wir verneigen uns in Demut und mit großem Respekt vor Mutter Erde. Unser Dank sollte aber nicht nur Obst und Gemüse gelten, sondern auch den Tieren, die ihr Leben für uns gelassen haben: Seit Jahren kann man zwar einen ausgeprägten Trend in Richtung vegetarischer bzw. veganer Ernährung beobachten, aber in letzter Zeit rückt eine umfassende Ernährung, die alle Nahrungsmittelgruppen – in Maßen! – mit einbezieht, also auch Fleisch und Milchprodukte, wieder mehr in den Fokus unserer Gesellschaft.

In früheren Zeiten gingen die Menschen oft auf die Jagd, um ihren Fleischbedarf zu decken, und bis heute haben sich weltweit bestimmte Rituale erhalten, um das erlegte Tier zu würdigen. So werden beispielsweise in England Vögel, die auf der Jagd geschossen wurden, grundsätzlich mit dem Kopf nach oben nach Hause getragen, um ihnen quasi noch im Tod einen Abschied mit erhobenem Haupt zu gewährleisten. Für die Ur-Indianer Nordamerikas waren Tiere ohne jeglichen Zweifel beseelte Wesen, die mitunter mystische Kräfte aufwiesen.

Bereits vor der eigentlichen Jagd wurde deswegen zu Ehren der Tiere getanzt und die Friedenspfeife geraucht. Hierzulande wird das erlegte Wild traditionell mit einem Fichtenzweig geschmückt und mit einem sogenannten »Totsignal« auf dem Jagdhorn geehrt.

NACHGEDACHT

Leider sind Tischgebete etwas aus der Mode gekommen, dabei ist das kurze Innehalten vor dem Verzehr einer Mahlzeit auch eine wunderbare Gelegenheit, »Danke« zu sagen. Im Rahmen eines Tischgebets können wir unsere Anerkennung beliebig ausweiten und neben den Gaben der Natur auch unserem Körper danken, dass er die Nahrung reibungslos in Energie umwandelt und dazu nutzt, gesund und vital zu bleiben. In manchen buddhistischen Klöstern gedenkt man beim Tischgebet auch der vielen Hände Arbeit, die notwendig waren, um diese spezielle Mahlzeit auf den Tisch zu bringen, und würdigt damit auch die Bauern, Händler und Köche, die im Verborgenen ihre Arbeit verrichtet haben.

TEILEN

Meiner persönlichen Erfahrung nach macht Teilen richtig glücklich, und obwohl unsere moderne Gesellschaft eher auf Gier ausgerichtet ist, entdecken immer mehr Menschen die heilsame Wirkung des Teilens. Meine größte Lektion in Sachen Teilen erfuhr ich im April 2015, als ich vor Ort das schwere Erdbeben in Nepal miterlebte. Ich fliege regelmäßig nach Nepal, meine Waisenkinder und ihre Betreuer sind für mich wie eine zweite Familie, und befand mich damals gerade auf Besuch bei ihnen oberhalb des Kathmandutals, als sich die Welt buchstäblich aus den Angeln hob.

Nach dem Beben lagen 80 Häuser des Dorfes in Schutt und Asche. Unser Waisenhaus war zwar stehen geblieben, aber leider unbewohnbar geworden. Im Dorf war dem Himmel sei Dank niemand körperlich zu Schaden gekommen, aber ausnahmslos alle Familien waren obdachlos geworden. Also richteten wir uns gemeinsam unter Plastikplanen auf den gerade abgeernteten Kartoffelfeldern notdürftig ein und warteten auf Hilfe.

In den folgenden Tagen und Wochen wuchsen wir zu einer eingeschworenen Gemeinschaft zusammen, in der alles, selbst Kleidung und Kochgeschirr, geteilt wurde. Wir hatten zwanzig Waisenkinder, die teilweise traumatisiert waren, zu versorgen, und gaben unser Bestes, damit sie nie hungrig zu Bett gehen mussten. Dies bedeutete aber, dass wir Erwachsenen uns beim Essen einschränken mussten, damit die Kinder satt wurden, und so wurden plötzlich ein heimlich zugesteckter Keks und eine Tasse Tee von der Nachbarin zu etwas sehr Kostbarem für mich.

NACHGEDACHT

Wir vergessen oft – oder verdrängen es vielleicht –, dass wir hier im Westen auf einer »Insel des Wohlstands« leben, wo es uns an nichts mangelt. In vielen Ländern dieser Erde herrschen hingegen Hunger und Not. Sich diese Tatsache immer wieder bewusst zu machen und dementsprechend zu handeln, ist meiner Meinung nach unsere Pflicht, denn jeder kann dazu beitragen, vielleicht auch nur im Kleinen, dass das Leiden andernorts gelindert wird.

Immer wieder aufs Neue berührt mich in dieser Hinsicht die Geschichte der zehnjährigen Nadine aus Kanada, die unserem Waisenhaus eines Tages einen Brief schrieb, in dem sie uns mitteilte, dass sie jedes Jahr einen gewissen Betrag von ihrem Taschengeld abzweigen wolle, um unsere Kinder zu unterstützen. Seitdem spendet sie regelmäßig eine kleine Summe, die wir nutzen, um unseren Kindern Nüsse zu kaufen – ein wertvoller Beitrag zu einer ausgewogenen Ernährung, der ohne Nadines Großzügigkeit nicht möglich wäre.

GELASSENHEIT

Im Herbst kann es ganz schön stürmisch werden. Wind und Regen zerren an den immer kahler werdenden Ästen, und trockenes Laub wirbelt durch die Luft. Die Bauern fahren ihre letzten Ernten vor dem Winter ein, und die Vorräte in den Speisekammern werden aufgestockt – so war es jedenfalls früher. Zwar unterliegen unsere Bauern immer noch den vier Jahreszeiten, aber wir Normalverbraucher müssen für den Winter in der Regel keine Vorräte mehr anlegen, denn im Supermarkt um die Ecke hat das ganze Jahr über eine Überfülle an Waren Saison.

Wollen wir uns wieder etwas mehr den Jahreszeiten anpassen und uns regional ernähren, dann beginnt nach der Fülle des Sommers eine kargere Zeit, in der wir auf Eingelegtes und Eingekochtes aus der Vorratskammer zurückgreifen und den Körper mit wärmenden Gerichten auf den kommenden Winter vorbereiten.

Es ist wichtig, Körper und Seele auf die Herbstzeit vorzubereiten, denn meist warten, nach einem mitunter goldenen Oktober, nassgraue Novembertage auf uns. Für manche beginnt dann buchstäblich eine Zeit der Depression, und oft jagt eine Erkältung die andere. Treten wir dem Herbst aber gelassen gegenüber, indem wir ihn so nehmen, wie er ist, und uns nicht innerlich gegen ihn wehren und indem wir unseren Körper mit nahrhaften und vitaminreichen Mahlzeiten verwöhnen, dann kann uns auch der ärgste Sturm nicht umwehen.

NACHGEDACHT

Wenn wir lernen, gelassener durch den Alltag zu gehen – und dies gilt nicht nur für stürmische Zeiten, innerlich wie äußerlich –, dann lassen Stress und innere Unruhe nach und das Leben wird buchstäblich lebendiger, denn wir hören auf, es kontrollieren zu wollen. Im Buddhismus kennt man dazu ein »Wunschgebet«, das man so oft wie möglich im Stillen für sich wiederholt. Es ermöglicht der Gelassenheit, Einzug in unseren Geist und in unser Herz zu finden:

Ich weiß, dass sich alles hier auf Erden verändert und im ständigen Wandel befindet. Möge ich gelassen diesen Veränderungen gegenübertreten.

HERBSTTEE: BLÜMCHENTEE

VEGAN/GLUTENFREI

Dies ist der Lieblingstee meiner Mutter. Sie stellt ihn jedes Jahr im Sommer zusammen und trinkt ihn den ganzen Herbst und Winter über. Für sie ist dieser Tee die sinnbildliche Verlängerung des Sommers.

ZUBEREITUNGSZEIT:

ca. 10 Minuten
+ ca. 3–5 Tage Trocknungszeit der Blüten und Kräuter im Sommer

ZUTATEN (FÜR 1 LITER)

1 TL getrocknete Zitronenverbene
½ TL getrocknete Rosenknospen
1 TL getrocknete Lindenblüten
½ TL getrocknete Sonnenblumen-blütenblätter
1 TL getrocknete Zitronenmelisse
1 l kochendes Wasser

AUSSERDEM: Teesieb, Teekanne, Stövchen

HINWEIS: In meiner Heimatstadt München bekommt man getrocknete Kräuter und Blüten sowohl auf dem Viktualienmarkt als auch in diversen Kräuterläden. Aber auch im Internet kannst du fündig werden. Willst du die Pflanzen für den Tee selbst trocknen, brauchst du lediglich einen trocknen, gut belüfteten Ort, an dem es nicht zieht, ein paar Geschirrhandtücher, mit denen die Pflanzen abgedeckt werden, und deine gewaschenen und trocken geschüttelten Kräuter und Blüten. Luftdicht und dunkel verpackt, hält deine getrocknete Kräuter-teemischung ein paar Monate lang.

ZUBEREITUNG

Kräuter und Blüten in ein Teesieb füllen und mit kochendem, immer noch spru-delndem Wasser in eine mit heißem Wasser ausgespülte Teekanne übergießen. Den Blümchentee vor dem Servieren 8–10 Minuten auf einem Stövchen ziehen lassen.

HERBSTBUTTER: APFEL-RINGE, GETROCKNETE WILDBLÜTEN UND GROBES SALZ

VEGETARISCH/GLUTENFREI

Ich wollte immer schon mal eine Apfelbutter für Fleischgerichte »erfinden«, weil ich bereits in der Phantasie »schmecken« konnte, wie gut sie zu einem saftigen Steak oder zu Schweinekoteletts passen würde. Als ich dann zum alljährlichen Herbst- bzw. Wintergrillen bei meinem Cousin, einem wahren Ass in Sachen Steak und Co., eingeladen wurde, schlug die Stunde der Wahrheit: Ich steuerte meine frisch aus der Taufe gehobene Butter bei – und die schlug bei allen Gästen ein wie eine kulinarische Bombe.

Diese Butter schmeckt nicht nur zu gegrilltem Fleisch, sondern auch auf Brot hervorragend.

ZUBEREITUNGSZEIT:
ca. 5 Minuten
+ ca. 2 Stunden Kühlzeit

ZUTATEN
150 g weiche Butter – du kannst auch 250 g Butter verwenden und einen Teil zur späteren Verwendung einfrieren
50 getrocknete Apfelringe (bekommst du im gut sortierten Supermarkt oder im Bioladen), grob gehackt – bei 250 g Butter nimmst du ca. 80 g Apfelringe
½ TL getrocknete Wildblüten (bekommst du im Bioladen) – bzw. 1 ½ TL bei 250 g Butter
½ TL grobes Salz – bzw. 1 TL bei 250 g Butter

AUSSERDEM: mittelgroße Schüssel, Rührgerät mit Knethaken (wahlweise Küchenmaschine), Frischhaltefolie

ZUBEREITUNG
Die Butter in eine Schüssel oder in die Küchenmaschine geben und cremig schlagen. Apfelringe, Wildblumen und grobes Salz unterrühren.
Die Herbstbutter gleichmäßig auf einem Stück Frischhaltefolie verteilen und zu einer festen Rolle formen. So verpackt in den Kühlschrank legen und ca. 2 Stunden erkalten lassen.
Zum Servieren die Butter portionsweise in Scheibchen schneiden. Die Herbstbutter schmeckt besonders gut zu Steak, aber auch zu Schweinebraten und Wildgerichten.

Auf dem Bild siehst du die Apfelbutter mitsamt der Frischhaltefolie, in die sie eingerollt war. Obwohl ich in diesem Buch bereits mehrmals auf den ungeheuren Berg an Plastikmüll, den wir Menschen unablässig produzieren, hingewiesen habe, ist mir in einem unachtsamen Moment Folgendes passiert: Ich wickelte die Butter in Frischhaltefolie ein und brachte sie so zum Fotoshooting. Dabei kann man Butter wunderbar auch in Pergament einwickeln, in Frischhaltefolie hält sie sich allerdings länger (deswegen findest du sie zu allen Butterrezepten in diesem Buch).

Es versteht sich von selbst, dass wir versuchen sollten, so wenig Plastik wie möglich zu verwenden, aber wir werden immer wieder scheitern, um es dann erneut zu versuchen. Das ist auch der Grund, warum du dieses Bild hier findest: Es soll uns alle daran erinnern, im Alltag bewusst und aufmerksam zu bleiben.

HERBSTDRESSING: ROTE-BETE-SAFT UND KÖRNIGER SENF

VEGAN/GLUTENFREI

Dieses Dressing wird gleich ein paar Seiten weiter, nämlich im Linsen-Birnen-Salat auf S. 134 seine Verwendung finden. Ausnahmsweise arbeiten wir bei diesem Rezept mit zwei »exotischen« Produkten, die hierzulande nicht angebaut bzw. produziert werden: Limette und Ahornsirup. Ahornsirup wird aus dem Saft kanadischer Zucker-Ahornbäume hergestellt und ist in jedem Bioladen erhältlich. Du kannst stattdessen aber auch dunklen, herben Honig, zum Beispiel Tannen- oder Kastanienhonig, verwenden. Möchtest du keine Limette verwenden, erhöhe einfach den Essiganteil um einen Esslöffel. Limettensaft gibt dem Dressing eine herb-frische Note.

Das Herbstdressing passt auch gut zu Chinakohl, Zuckerhut und Feldsalat.

ZUBEREITUNGSZEIT:
ca. 3 Minuten

ZUTATEN
2 EL Olivenöl
80 ml Rote-Bete-Saft (bekommst du im Bioladen)
2 EL körniger Senf
2–3 EL Balsamicoessig
1 EL Ahornsirup
Saft von 1 Limette
Salz und frisch gemahlener Pfeffer

AUSSERDEM: Messbecher, mittelgroße Schüssel, Gabel

ZUBEREITUNG
Olivenöl, Rote-Bete-Saft und Senf in eine mittelgroße Schüssel geben und mit einer Gabel zu einer homogenen Masse verrühren.
Balsamicoessig, Ahornsirup und Limettensaft unterrühren und mit Salz und Pfeffer abschmecken.

HERBSTSUPPE: CREMIGE KARTOFFEL-LAUCH-SUPPE MIT ÜBERBACKENEM ZIEGENKÄSE-BAGUETTE UND WALNUSSÖL

VEGETARISCH/ OHNE BROT GLUTENFREI

Eine wirklich gute Kartoffelsuppe steht und fällt mit der Auswahl der richtigen Kartoffelsorte. Ich habe das große Glück, in München nahe dem Viktualienmarkt zu wohnen. Dort gibt es gleich zwei Stände, die ausschließlich Kartoffeln verkaufen. Für dieses Rezept entschied ich mich – nach einer ausgiebigen Beratung durch den begeisterten Verkäufer – für die Sorte »Augsburger Gold«. Eine vortreffliche Wahl, wie sich bald herausstellen sollte. Generell ist wichtig, dass du dir eine mehlig kochende Kartoffel aussuchst, und wenn du dabei auch noch auf alte, längst vergessene Sorten, die vereinzelt von Bauern wieder angebaut werden, zurückgreifst, hilfst du aktiv mit, den großen Artenreichtum dieser leckeren Knolle aufrechtzuerhalten und für die Zukunft zu sichern.

ZUBEREITUNGSZEIT:
ca. 55 Minuten

ZUTATEN
Für die Suppe

50 g gesalzene Butter – wahlweise ungesalzene Butter
1 große Stange Lauch (ca. 400 g), vom Wurzelende befreit, gewaschen und in feine Ringe geschnitten
1 EL Balsamicocreme
ca. 1,2 kg mehlig kochende Kartoffeln, gewaschen, geschält und in mundgerechte Stücke geschnitten
1,2 l Gemüsebrühe
2 getrocknete Lorbeerblätter
50 g Sahne
1 Msp. geriebene Muskatnuss
½ Bund glatte Petersilie, gewaschen, trocken getupft, von den Stielen befreit und fein gehackt – wahlweise frischer Estragon (siehe Tipp), das schmeckt noch besser, ist aber nicht saisonal
Salz und frisch gemahlener Pfeffer

Für das Ziegenkäse-Baguette
(2 Scheiben pro Person)
½ Baguette, in ca. 2 cm dicke Scheiben geschnitten
Walnussöl zum Beträufeln (bekommst du in kleinen Fläschchen im gut sortierten Bioladen) – wahlweise Olivenöl
Ziegenrolle (ein charakteristischer Ziegenkäse in Rollenform), in ca. 0,5–1 cm dicke Scheiben geschnitten

AUSSERDEM: großer Topf, Backpapier, Backblech, Pürierstab

ZUBEREITUNG

Mit der Suppe beginnen. Dazu die Butter in einem großen Topf erhitzen. Die Lauchringe zugeben und unter Rühren ca. 4–5 Minuten andünsten. Die Balsamicocreme unterrühren.

Die Kartoffeln hinzufügen und unterrühren. Dann die Lorbeerblätter zugeben. Mit der Gemüsebrühe aufgießen und ca. 20 Minuten auf mittlerer Flamme und mit geschlossenem Deckel köcheln lassen, bis die Kartoffeln weich sind.

Während die Suppe köchelt, den Backofen auf 220 Grad Oberhitze vorheizen. Ein Backblech mit Backpapier auslegen und die Brotscheiben darauf verteilen. Auf jede Scheibe zwei bis drei Tropfen Walnussöl – wahlweise Olivenöl – träufeln und mit je einer Scheibe Ziegenkäse belegen. Im Ofen auf oberster Schiene ca. 10–15 Minuten backen, bis der Ziegenkäse eine goldbraune Farbe angenommen hat und leicht geschmolzen ist. Wenn die Kartoffeln gar sind, den Topf vom Herd nehmen und die Suppe leicht pürieren, sodass sich immer noch Kartoffelstücke darin finden lassen. Sahne und geriebenen Muskat zugeben und unterrühren.

Zum Schluss die frische Petersilie – oder besser noch den frischen Estragon (siehe Tipp) – unterrühren und mit Salz und frisch gemahlenem Pfeffer abschmecken. Die Ziegenkäse-Baguettescheiben aus dem Ofen nehmen und auf Tellern portionsweise anrichten. Die Suppe portionsweise in tiefe Teller geben und zusammen mit dem überbackenen Brot servieren.

TIPP: Auf dem eingangs erwähnten Viktualienmarkt findet man auch im Herbst und Winter Kräuter in Hülle und Fülle, und obwohl der Estragon kein Herbstkraut ist, konnte ich nicht an ihm vorbeigehen, nachdem ich die Kartoffeln gekauft hatte. Deswegen hier nun mein so gar nicht saisonaler Tipp, frisch gehackten Estragon zum Garnieren über die fertige Suppe zu streuen. Das schmeckt super und harmoniert wundervoll mit Ziegenkäse und Walnussöl! Der Händler hatte seinen Bio-Estragon übrigens frisch aus dem Gewächshaus.

ERNTEDANK

Die Ursprünge des Erntedankfestes liegen weit zurück. Bereits die alten Griechen brachten Demeter, der Göttin des Getreides, zum Dank Opfergaben dar. Und die Germanen ließen nach dem Abernten ihrer Felder stets ein paar Ähren stehen, um ihrem Gott Wotan zu danken – mit der zusätzlichen Bitte, auch im folgenden Jahr für einen reich gedeckten Erntetisch zu sorgen.

Auch in meiner Heimat Bayern kannte man früher den Brauch, ein paar Getreidehalme auf den Feldern stehen zu lassen, um böse Geister, die es vielleicht auf zukünftige Ernten abgesehen hatten, zu vertreiben. Zog dann der erste Frost ins Land, wurden diese Halme abgeschnitten und das restliche Jahr über die Stalltüren gehängt, um Wohlstand und Gesundheit für alle tierischen Lebewesen auf den Höfen zu garantieren. In manchen Teilen Bayerns ließen die Obstbauern, ebenfalls um böse Geister fernzuhalten, jeweils die letzten drei Äpfel an ihren Apfelbäumen hängen. Noch heute ist es in manchen entlegenen Gegenden Brauch, sich das Saatgut in der Kirche weihen zu lassen, um mit Gottes Segen gute Ernten einfahren zu können. Den Brauch, einen Teil ihrer Ernte auf den Altären ihrer Kirchen darzubringen, praktizieren die Christen seit dem Mittelalter. In manchen Dorfkirchen auf dem Land werden heutzutage von den Dorffrauen in stundenlanger Geduldsarbeit kunstvolle »Erntebilder« aus Samen, Früchten und Beeren auf dem Boden vor dem Altar gelegt. Und in vielen ländlichen Gemeinden trägt man riesige Erntekronen feierlich durch den Ort, um diese dann später in der Kirche segnen zu lassen.

Da es früher keinen festen Termin für Erntedank gab, feierte jede Gemeinde bis ins späte 18. Jahrhundert hinein für sich separat. 1772 bestimmte dann Friedrich der Große, zuerst nur für die Protestanten, den 29. September als Termin für das Erntedankfest. Im Jahr 1972 legte schließlich die Deutsche Bischofskonferenz den Erntedanktermin für alle einheitlich auf den ersten Sonntag im Oktober.

An Erntedank bedanken wir uns also bei der Erde, aber auch bei einer höheren, göttlichen Instanz für die Gaben und Früchte, die uns bzw. unseren Körper am Leben erhalten. Wir können Erntedank aber auch zum Anlass nehmen, um über unsere persönliche »Lebensernte« des vergangenen Jahres zu reflektieren. So können wir uns dankbar an die schönen Momente und Erfahrungen erinnern und uns an der Liebe erfreuen, die wir selbst gegeben und von anderen erhalten haben.

TIPPS: Du kannst den Brie auch in Scheiben schneiden, in der Pfanne leicht schmelzen und anschließend portionsweise über den Salat legen.

Knusprige Speckwürfel, die du zusätzlich untermischst, geben dem Salat eine wunderbar würzige Note. Dazu die Speckwürfel zunächst auf kleiner Flamme in einer trockenen Pfanne auslassen und erst gegen Ende die Hitze steigern – so wird der Speck schön kross.

GRÜNE-LINSEN-BIRNEN-SALAT MIT CHICORÉE, BRIE UND GERÖSTETEN WAL-NÜSSEN

VEGETARISCH/ OHNE BRIE VEGAN

Ich liebe Linsengerichte aller Art, vielleicht weil ich so schöne, gemütliche Erinnerungen mit Mamas Linseneintopf verbinde: kalte Herbst- oder Wintertage, die ganze Familie mittags um den Küchentisch vereint, die dampfenden Suppenteller vor uns auf der geblümten Plastiktischdecke. Linseneintopf mit Kartoffeln, Würstchen und ganz viel Essig war und ist immer noch eines meiner Lieblingsgerichte.

Unterschiedliche Linsen in Form von Salat sind bei den Gästen in dem kleinen Café, in dem ich regelmäßig koche, sehr beliebt, und wir versuchen stets neue Variationen zu erfinden. Dieses Rezept ist eine davon.

ZUBEREITUNGSZEIT:

ca. 40 Minuten
+ 15 Minuten für den Salat zum Durchziehen

ZUTATEN

(für 4 Personen zum Sattessen)
250 g grüne Linsen (bekommst du im Bioladen)
1,5 l kaltes Wasser
50 g Walnüsse, fein gehackt – wahlweise Haselnüsse
100–125 g Brie, klein gewürfelt
1 große Birne, gewaschen, vom Kerngehäuse befreit und klein geschnitten (gleiche Größe wie die Briewürfel)
1 Chicorée
100 ml Herbstdressing – Rezept siehe S. 130

AUSSERDEM: großer Topf, Sieb, große Schüssel, kleine beschichtete Pfanne

ZUBEREITUNG

Zuerst die Linsen kochen. Dazu grüne Linsen und 1,5 l kaltes Wasser in einen großen Topf geben und zum Kochen bringen. Wichtig: Nicht salzen, sonst werden die Linsen nicht weich!
Ca. 20–25 Minuten garen, bis die Linsen weich, aber noch bissfest sind, dann durch ein Sieb abgießen. In eine große Schüssel geben und beiseitestellen.
Eine kleine beschichtete Pfanne trocken, sprich ohne Inhalt, auf dem Herd erhitzen und darin die Walnüsse unter Schwenken ca. 2–3 Minuten rösten. Zu den Linsen geben.
Brie und Birne ebenfalls zu den Linsen geben und alles gut durchmischen.
Das Dressing zufügen und unterrühren.
Ca. 15 Minuten ziehen lassen.
Den Salat portionsweise in Schalen anrichten. Dazu Chicoréeblätter reichen, die als essbare Löffel dienen.

SPAGHETTI MIT BOLOGNESE

Endlich finde ich einen Grund, mein Lieblings-Bologneserezept in einem Buch niederzuschreiben, denn es ist wahrlich ein »simples« Rezept, kann aus regionalen Zutaten hergestellt werden und ist superlecker. Ich liebe Bolognese, und ich liebe es, Bolognese zuzubereiten! Für mich kommt es immer einem Wunder gleich, wenn sich die einzelnen, guten Zutaten durch die lange Kochzeit zu einen ausgewogenen harmonischen Ganzen zusammenfügen. Du findest dieses Rezept im Herbst-Kapitel, weil man im Frühherbst hin und wieder noch reife Tomaten finden kann, ansonsten kannst du auf Tomatenstücke aus der Dose zurückgreifen. Achte dabei aber auf gute Qualität!

Mir ist bewusst, dass viele Menschen von sich behaupten, Meister im Kochen von Bolognese zu sein, aber ich schwöre auf dieses Rezept, das ich über viele Jahre hinweg immer weiter perfektioniert habe. Seinen Ursprung hat es aber, wie sollte es auch anders sein, in Italien.

Von Nonna Scarpi habe ich bereits an anderer Stelle (siehe S. 100) erzählt; sie hat diese Hackfleisch-Nudelsoße, auf Italienisch schlicht »Sugo« genannt, zum ersten Mal für mich gekocht. Da war ich nicht älter als zehn Jahre. Von da an habe ich ihr in jedem Italienurlaub, wenn sie am Herd stand und mit ihrem Kochlöffel regelrecht zauberte, über die Schulter geschaut.

Am wichtigsten ist bei diesem Gericht einmal mehr der Zeitfaktor, denn eine wirklich gute Bolognese sollte mehrere Stunden vor sich hin köcheln, damit sich alle Zutaten zu einer Einheit verbinden. Je länger das Sugo kocht, desto besser wird das Ergebnis.

ZUBEREITUNGSZEIT:
ca. 30 Minuten
+ mindestens 3 Stunden Kochzeit

ZUTATEN
2–3 EL Olivenöl
1 große Zwiebel, geschält und fein geschnitten
2 Knoblauchzehen, geschält und fein geschnitten
200 g Möhren, geschält und in sehr feine Würfelchen geschnitten
3 Stangensellerie (ca. 150 g), geputzt und in sehr feine Würfelchen geschnitten
3 getrocknete Lorbeerblätter
5–6 Wacholderbeeren
3 EL Tomatenmark
500 g Rinderhackfleisch, bevorzugt aus der Schulter – du kannst auch Hackfleisch »halb und halb« verwenden, sprich je zur Hälfte aus Rinder- und Schweinefleisch, aber ich persönlich mag den Schweinegeschmack nicht so gerne
30 g Butter
100 ml Milch (egal ob Vollmilch oder fettarm)
500 g reife Tomaten, gewaschen, vom Grün befreit und in mundgerechte Stücke geschnitten – wahlweise gestückelte

Tomaten aus der Dose (400 g)
Salz und frisch gemahlener Pfeffer
500 g Spaghetti
evtl. geriebener Parmesan zum Bestreuen

AUSSERDEM: 2 große Töpfe,
Abtropfsieb

~~~~~~~~~~~~~~~~~~~~

ZUBEREITUNG

Das Olivenöl in einem großen Topf erhitzen und Zwiebel, Knoblauch, Möhren
und Stangensellerie zugeben. Gut umrühren und auf mittlere Hitze reduzieren.
Lorbeerblätter und Wacholderbeeren
zugeben und das Ganze bei geschlossenem Deckel ca. 10 Minuten anschwitzen
lassen. Dabei immer wieder umrühren.
Tomatenmark und Hackfleisch zugeben
und gut unterrühren. Ca. 5 Minuten
braten, dann die Butter unterrühren.
Anschließend die Milch zugeben und
noch mal 5 Minuten köcheln lassen.
Die Tomaten zugeben und unterrühren.
Bei geschlossenem Deckel mindestens
3 Stunden auf kleiner Hitze köcheln
lassen. (Ich lasse die Bolognese manchmal
sogar 5 Stunden köcheln, denn mit jeder
Stunde Kochzeit verbinden sich die verschiedenen Aromen besser miteinander.)
Gegen Ende der Garzeit einen großen
Topf mit reichlich Wasser füllen und zum
Kochen bringen. Das Kochwasser ausreichend salzen (siehe Pasta mit Tomaten-
soße, S. 100) und die Spaghetti darin nach
Packungsvorlage al dente kochen. Durch

ein Abtropfsieb abgießen und kurz mit
lauwarmem Wasser abschrecken.
Zum Servieren Spaghetti mit Bolognese
in tiefen Tellern anrichten und evtl. mit
Parmesan bestreuen.

TIPPS: Manchmal gebe ich noch
ca. 100 g geriebenen Parmesan und
ein Stück Rinde vom Parmesan mit in
die Soße, das gibt ihr eine cremige Note.
Vor dem Servieren die Rinde wieder
herausfischen.

Die Bolognese schmeckt auch sehr lecker,
wenn du zusätzlich zur Milch noch 100 ml
kräftigen Rotwein zugibst.

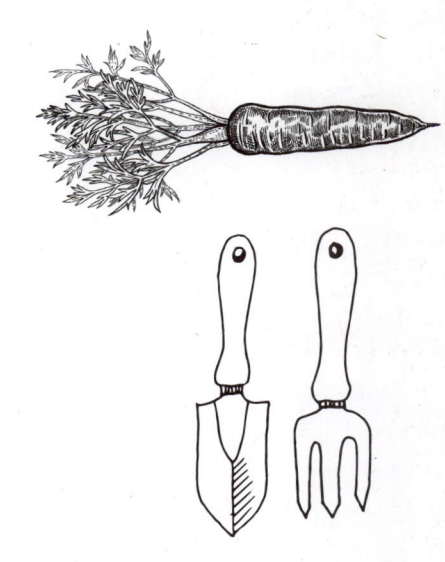

In die Natur hinauszugehen, um nach Essbarem zu suchen, seien es nun Pilze, Beeren oder Kräuter, hat etwas ungemein Befriedigendes und gleicht einer Meditation im Freien. Das langsame Gehen und das sorgfältige Beobachten der Umgebung – denn nur so findet man verborgene Köstlichkeiten, die sich unter Blättern oder im Dickicht verstecken – lassen Körper und Geist ruhiger werden. Der Atem wird tiefer, die Sinne werden geschärft, und alles schließlich gekrönt von der Freude des Findens!

EXTRA: PILZE

Ich bin in den oberbayerischen Bergen aufgewachsen, und schon von frühester Kindheit an nahm unsere Mutter mich und meine jüngere Schwester im Spätsommer und Herbst auf die »Schwammerljagd«, sprich zum Pilzesuchen in die umliegenden Wälder mit.

Ich erinnere mich an spätsommerliche Sonnentage, an denen ich hinter meiner Mama durchs Unterholz kroch, um geheime Pilzplätze aufzusuchen, die nur sie kannte und die sie bis zum heutigen Tag nicht verrät. Überhaupt werden die besten Plätze von den Einheimischen geheim gehalten – keiner erzählt dem anderen, wo die dicksten Steinpilze, die meisten Pfifferlinge oder die schmackhaftesten Semmelstopperln stehen (die hochdeutsche Bezeichnung für diesen kleinen, gelben Pilz, der einem Pfifferling – bayerisch: Reherl – sehr ähnelt, weiß ich bis heute nicht). Meine Mutter hat sich schon früh auf Steinpilze »eingeschossen«, und ich kann mich noch an gewaltige Mengen erinnern, die wir stolz nach Hause schleppten, um sie vor meinem Vater wie Jagdtrophäen auf dem Küchentisch auszubreiten. Meistens kochte meine Mutter noch am selben Abend eine kräftige Schwammerlsuppe mit Knödeln; der Rest wurde sauber geputzt und in Tüten eingefroren.

Mit fortschreitendem Herbst wanderten wir durch dicken Nebel die Berge hinauf, manchmal mit kaum zwei Fingerbreit Sichtweite. Die Bäume sahen aus wie Gespenster, aber ich fürchtete mich nie. Ich stellte mir vor, in einem Land voller Feen und Elfen unterwegs zu sein, und wenn wir eine Ansammlung von rot leuchtenden Fliegenpilzen fanden, schaute ich immer nach, ob Zwerge darin lebten. Fliegenpilze stehen übrigens gerne in der Nachbarschaft von Steinpilzen, so viel sei verraten, und meist wurden wir tatsächlich auch ein paar Meter weiter fündig.

Dann kam Tschernobyl, da war ich zwar bereits ein Teenager, aber ich ging immer noch gerne mit meiner Familie »in die Schwammerl«, wie wir sagen. Im Grunde sitzt uns aber heute noch der damalige Schreck in den Knochen. Wir konnten es nicht fassen, dass alles, also auch unsere geliebten Schwammerl, hochgradig versucht wurde, wo die Katastrophe doch so weit weg von unserem idyllischen Heimatort passiert war.

Noch immer, Jahrzehnte später, sind Pilze und Waldbeeren radioaktiv belastet, und wir sprechen jedes Mal darüber, wenn wir gemeinsam die Berge hochklettern und alte Pilzstellen aufsuchen. In meiner Kindheit aßen wir unglaublich oft Pilzgerichte während der »Schwammerlzeit«, aber diese im wahrsten Sinne des Wortes unbeschwerten Zeiten sind leider vorbei.

DAS SOLLTEST DU WISSEN

Weltweit gibt es ca. 1,2 Millionen Pilzarten, und in Europa gedeihen etwa fünf- bis sechstausend Großpilzarten, sprich Pilze, die man mit dem bloßen Auge erkennen kann. Davon wiederum sind 80 Arten sehr giftig. Pilze sind für das Ökosystem enorm wichtig. Sie zersetzen totes Holz und gehen Symbiosen mit lebenden Bäumen ein; Pilze sind Garanten für den Fortbestand unserer Wälder.

Leider vergessen passionierte Pilzsammler hierzulande allzu gerne, dass das Reaktorunglück von Tschernobyl im Jahr 1986 – vor allem in Bayern, das durch den radioaktiven Regen nach der Katastrophe gebietsweise stark betroffen war – immer noch weitreichende Folgen hat. Ein Großteil unserer Pilze ist, genau wie Waldbeeren oder das heimische Wild, nach wie vor über die Norm radioaktiv belastet und sollte deshalb nur in Maßen gegessen werden.

PILZPFANNE MIT TOMATEN-GORGONZO-LA-SEMMELKNÖDEL

VEGETARISCH

In meiner Heimat Bayern sind für viele Menschen Knödel in allen Variationen der Inbegriff eines »Wohlfühlgerichts«. Knödel schmecken Jung und Alt gleichermaßen und lassen sich immer wieder neu zu Gemüse, Geflügel und Fleisch kombinieren.

Im Grunde sind Semmelknödel ein Resteessen, denn für den Knödelteig verwendet man altbackenes Weißbrot bzw. alte, harte Brötchen. Die Kombination von Pilzen (bayerisch: Schwammerl) und Knödeln ist klassisch für ein deftiges Herbstgericht, allerdings habe ich den Knödeln ein »Upgrade« verpasst, das in dem kleinen Café, in dem ich regelmäßig koche, der Renner ist. Lass dich überraschen: Knödel mal anders, du wirst sehen, es schmeckt himmlisch!

ZUBEREITUNGSZEIT:
ca. 90 Minuten
(inkl. 30 Minuten Ruhezeit für den Knödelteig)

ZUTATEN
Für die Knödel (ca. 9 Stück)
8 altbackene Brötchen (Sternbrötchen, siehe Bild nächste Seite) vom Vortag, in kleine Würfel geschnitten
400 ml Vollmilch – wahlweise fettarme Milch
10 g Butter
1 kleine Zwiebel, geschält und fein geschnitten
½ Bund glatte Petersilie, gewaschen, trocken getupft und fein geschnitten
2 Eier (L)
100 g getrocknete Tomaten, sehr fein geschnitten – falls du getrocknete Tomaten aus dem Glas nimmst, dann gut abtropfen lassen, denn sie sind in der Regel in Öl eingelegt
Salz
ca. 80 g Gorgonzola

Für die Pilzpfanne
20 g Butter
1 mittelgroße Zwiebel, geschält und fein geschnitten
1 gehäufter EL Weizenmehl
600 g gemischte Pilze (z.B. Pfifferlinge, Kräuterseitlinge und Egerlinge), geputzt und, wenn nötig, in mundgerechte Stücke geschnitten
1 Bund glatte Petersilie, gewaschen, trocken getupft, Blätter von den Stielen befreit und fein geschnitten
200 ml Gemüsebrühe – ich nehme gekörnte Instant-Gemüsebrühe
100 ml Milch (egal ob Vollmilch oder fettarm)
frisch gemahlener Pfeffer

AUSSERDEM: große Schüssel, kleiner Topf, beschichtete Pfanne, großer Topf, Schaumkelle, sauberes Geschirrhandtuch, große hochwandige Pfanne oder mittelgroßer Topf

ZUBEREITUNG

Die Brötchenwürfel in eine große Schüssel geben. Die Milch in einen kleinen Topf gießen, lauwarm erhitzen und anschließend über die Brötchenwürfel gießen. Ca. 15 Minuten ruhen lassen.

Die Butter in einer beschichteten Pfanne erhitzen und die Zwiebel darin glasig dünsten. Die Petersilie zugeben und unterrühren. Ca. 2–3 Minuten dünsten, dann vom Herd nehmen und auf die Knödelmasse geben. Leicht auskühlen lassen. Eier und getrocknete Tomaten zur Knödelmasse geben und alles gut untermischen. Großzügig mit Salz abschmecken, denn der Brötchenteig »schluckt« viel Salz, dann die Masse noch mal ca. 15 Minuten abgedeckt ruhen lassen.

Reichlich Wasser in einem großen Topf zum Simmern bringen und salzen. Die Knödelmasse zu einzelnen Knödeln formen, dabei jeweils ein Stückchen Gorgonzola in die Mitte geben. Die Knödel ins simmernde Wasser legen und ca. 20 Minuten köcheln lassen. Dabei aufpassen, dass das Wasser nicht zum Kochen kommt, sondern lediglich simmert.

Die fertigen Knödel mit einer Schaumkelle aus dem Topf nehmen und in eine Schüssel legen. Mit einem sauberen Geschirrhandtuch abdecken, damit sie nicht auskühlen.

Während die Knödel garen, die Pilzpfanne zubereiten. Dazu die Butter in einer großen hochwandigen Pfanne (wahlweise in einem mittelgroßen Topf) erhitzen. Die Zwiebel zugeben. Die Hitze auf mittlere Flamme reduzieren und die Zwiebel in ca. 1–2 Minuten glasig dünsten.

Dann schnell das Mehl einrühren und sofort danach Pilze und Petersilie zugeben und unterrühren. Mit Gemüsebrühe und Milch aufgießen und die Hitze auf kleine Flamme reduzieren. Bei geschlossenem Deckel ca. 5–8 Minuten köcheln lassen, dabei immer wieder umrühren und den Bodensatz vom Pfannenboden lösen, damit das Ganze nicht anbrennt. Die Pfanne vom Herd nehmen und die Pilze mit frisch gemahlenem Pfeffer abschmecken. Zum Servieren je zwei Knödel – ein Knödel bleibt für besonders Hungrige übrig – in tiefe Teller geben und portionsweise die geschmorten Pilze zufügen.

TIPP: Falls die Knödelmasse zu matschig bzw. zu feucht wird, kannst du Semmelbrösel untermischen. Matschige Knödel fallen im Kochwasser auseinander.

DAS SOLLTEST DU WISSEN

Pfifferlinge gab es früher in rauen Mengen, daher auch das Sprichwort: »Das ist keinen Pfifferling wert.« Seit vierzig Jahren geht der Bestand an diesen aromatischen Pilzen Jahr für Jahr drastisch zurück. Experten vermuten, dass dies eine der Folgen des sauren Regens ist, aber auch der Rückgang der Ozonschicht, die unseren Planet ummantelt, wird dafür verantwortlich gemacht.

HERZHAFTE TARTE TATIN MIT BIRNEN UND MILDEM ZIEGENKÄSE

VEGETARISCH

Meine allererste Tarte Tatin, traditionell mit Äpfeln statt mit Birnen zubereitet, habe ich in einem französischen Zenkloster gegessen. Eine der Nonnen feierte damals ihren Geburtstag, und die Apfel-Tarte war ein Geschenk der ganzen Gemeinschaft an das Geburtstagskind. Neben dem umwerfenden Geschmack des Kuchens werde ich allerdings nie die Bescheidenheit der Beschenkten vergessen. Sie selbst aß keinen einzigen Bissen, sondern verteilte alle Kuchenstücke jeweils mit einer anmutigen Verbeugung an die Gäste.

ZUBEREITUNGSZEIT:
ca. 35 Minuten
 (inkl. ca. 30 Minuten Kühlzeit für den Teig und 10 Minuten Abkühlzeit für die Birnen)
+ ca. 35 Minuten Backzeit
+ ca. 10–15 Minuten Abkühlzeit für die fertige Tarte

ZUTATEN
Für den Teig
(Achtung: Butter, Eier und Wasser müssen unbedingt kalt sein)
230 g Weizenmehl (Type 405)
100 g kalte Butter
20 g Puderzucker
½ TL Salz

1 kaltes Ei (M) – direkt aus dem Kühlschrank
2 EL kaltes Wasser

Für das Obst
1 TL Puderzucker
30 g Butter
700 g eher feste Birnen, gewaschen, von Stiel und Kerngehäuse befreit und in Spalten geschnitten
Zesten und Saft von ½ Zitrone – Schale vorab unter fließendem heißem Wasser abwaschen
1 Zweig frischer Rosmarin, gewaschen, trocken getupft und vom Stiel gezupft
200 g Ziegenfrischkäse – wahlweise Ziegenquark

AUSSERDEM: große Schüssel, Frischhaltefolie, große hochwandige und feuerfeste Pfanne (oder mittelgroßer Topf und Springform), Mehl zum Bestäuben der Arbeitsfläche und zum Ausrollen, Nudelholz, Kuchenplatte

ZUBEREITUNG
Alle Zutaten für den Teig in eine große Schüssel geben und rasch zu einem glatten Teigball verkneten. In Frischhaltefolie einschlagen und für 30 Minuten in den Kühlschrank legen.
Währenddessen für das Obst den Puderzucker trocken – also ohne Fett – in einer großen, hochwandigen und feuerfesten Pfanne erhitzen (falls du so eine Pfanne nicht besitzt, nimm einen Topf und fülle

später das Obst in eine Springform). Den Puderzucker schmelzen, sprich karamellisieren lassen, dabei darauf achten, dass er lediglich goldbraun und nicht schwarz wird, denn dann wird das Ganze bitter. Die Hitze auf mittlere Flamme reduzieren und die Butter zugeben. Kurz umrühren, dann die Birnen zugeben, unterrühren und leicht anbraten. Zitronenzesten, Zitronensaft und Rosmarin unterrühren und alles ca. 5–7 Minuten dünsten, bis das Obst weich ist. Dabei immer wieder umrühren.

Die Pfanne vom Herd nehmen und das Obst ca. 10 Minuten darin auskühlen lassen. Bevor du dann den Ziegenfrischkäse gleichmäßig darauf verteilst, darauf achten, dass die Birnen komplett und gleichmäßig den Pfannenboden bedecken. Den Backofen auf 225 Grad Ober-/ Unterhitze oder ca. 200 Grad Umluft vorheizen.

Den Teig aus dem Kühlschrank nehmen und auf der leicht bemehlten Arbeitsfläche rund ausrollen; er bildet den »Deckel« auf dem Obst in der Pfanne. Den Teigdeckel auf die Birnen legen und die Tarte ca. 35 Minuten auf mittlerer Schiene im Ofen backen, bis der Teig eine goldbraune Farbe angenommen hat. Aus dem Backrohr nehmen, ca. 10–15 Minuten auskühlen lassen und dann auf eine Kuchenplatte stürzen. Portionsweise auf Teller geben und noch lauwarm servieren.

TIPPS: Zum Abschluss noch etwas Zitronenabrieb über die Tarte Tatin geben, das gibt ihr zusätzliche Frische.

Statt der Birnen kannst du zum Beispiel auch Pflaumen oder Zwetschgen, mit Zitronenthymian statt Rosmarin, verwenden.

Selbst gekochtes Essen zu verschenken hat in vielen Kulturen eine uralte Tradition. Man bringt zum Beispiel Trauernden Mahlzeiten vorbei, damit sie wieder zu Kräften kommen – und damit sie nicht selbst kochen müssen. Essen spendet Trost und füllt nicht nur den Magen, sondern »nährt« auch Herz und Seele. Essen zu verschenken bereitet Freude auf beiden Seiten und kann Nachbarn, die sich bis dato kaum kennen – das weiß ich aus eigener Erfahrung – für immer freundschaftlich miteinander verbinden.

EXTRA: APFELKUCHEN

Diese berührende Geschichte von Leo K. aus Nebraska/USA und seinen »Apple Pies« las ich vor Jahren in einem amerikanischen Wochenblatt. Sie hat mich so verzaubert, dass ich mir schwor, sie eines Tages in einem meiner Bücher nachzuerzählen.

Als Leos Frau Madeleine an den Folgen einer Demenz starb, war er 98 Jahre alt und aufgrund seiner altersbedingten Gebrechlichkeit auf den Rollstuhl angewiesen. Er hatte seine Frau bis zu ihrem Tod zu Hause gepflegt, so wie er es ihr versprochen hatte, bevor das Vergessen über sie kam. Nachdem er sie beerdigt hatte, gab es für ihn nur zwei Alternativen: entweder in Depression zu verfallen und ebenfalls bald zu sterben – oder aktiv etwas zu tun, um die Trauer zu überwinden.

Eines Tages blickte er aus dem Fenster seines Hauses und sein Blick fiel auf den alten Apfelbaum, den Madeleine zu Beginn ihrer Ehe gepflanzt hatte. »Okay, ich habe Äpfel und ich mag Apple Pie«, dachte er, »und solange ich noch nicht auf dem Sterbebett liege, kann ich doch versuchen, einen Kuchen zu backen.« Er hatte noch nie gebacken, aber er erinnerte sich genau an die Zutaten, die seine Frau – und vor ihr seine Mutter – immer verwendet hatte. Eine Woche nach Madeleines Tod buk er den ersten Apple Pie seines Lebens.

Der Apple Pie hat in der US-amerikanischen Gesellschaft einen ganz besonderen Stellenwert, er ist nicht einfach nur ein simpler Kuchen mit knusprigem Teigdeckel, sondern das Sinnbild schlechthin für familiäre Werte wie Geborgenheit, Zusammenhalt, Liebe und Wärme. Und so begann Leo, seine Liebe, die er nicht mehr an Madeleine verschenken konnte, mit viel Sorgfalt in seinen ersten Apple Pie einfließen zu lassen, um diesen dann, noch lauwarm, mit seinen Nachbarn zu teilen.

Seitdem hat Leo nicht mehr aufgehört zu backen. Fast täglich produziert er, wenn es seine Gesundheit zulässt, seine mittlerweile in der ganzen Gegend berühmten Apple Pies. Er verschenkt sie an Nachbarn, Freunde und gemeinnützige Einrichtungen. Er nimmt sogar Bestellungen an, aber nur unter der Bedingung, dass der »Kunde« – er nimmt nie Geld für seine Kuchen – sich auf einen kleinen Schwatz zu ihm setzt, bevor er den Pie mit nach Hause nimmt.

Leo Keller hat nicht vor, sich zur Ruhe zu setzen: »Solange mein Apfelbaum Früchte trägt und die Menschen mich und meine Kuchen brauchen, werde ich weiter backen.«

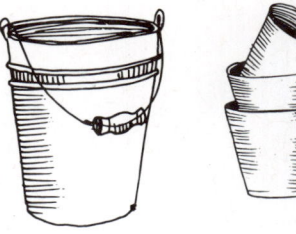

AMERIKANISCHER APPLE PIE MIT KARAMELLISIERTEN WALNÜSSEN

VEGETARISCH

Es hat einen ganz besonderen Grund, neben der vorangegangenen Geschichte, warum dieser klassische amerikanische Kuchen hier Einzug gehalten hat: Ich verdanke dieser Köstlichkeit unter anderem die Idee zu dem Kochbuch, das du gerade in deinen Händen hältst.

Im Jahr 2010 arbeitete ich drei Monate lang als Köchin in Kalifornien – jeweils zur einen Hälfte in einem Zenkloster und während der restlichen Wochen in einem Meditationszentrum. 2017 besuchte ich meine Freunde von damals, fast alles Köche und Köchinnen, erneut, und während dieser Zeit entstand auch, wie gerade erwähnt, die Idee zu diesem Kochbuch.

Meine Freunde und ich erkundeten gemeinsam kleine Bauernmärkte, verkosteten einheimische Produkte, die mit viel Liebe und noch mehr Leidenschaft von lokalen Produzenten hergestellt wurden. Eines Tages besuchte ich mit meinem Freund Patrick ein Restaurant in Los Angeles, das vor allem für seine Steak-Sandwiches, aber auch für seine Apple und Blueberry Pies in ganz Kalifornien berühmt ist. Ich war begeistert, dass ein so schlichter Kuchen so unglaublich lecker sein kann, und schwor mir, das beste Apple-Pie-Rezept, das ich finden konnte, in mein neues Buch mit aufzunehmen.

Ich befragte alle meine amerikanischen Freunde, und letztendlich machte besagter Patrick bzw. das Rezept seiner Frau Jennifer das Rennen. Jennifers Idee mit den karamellisierten Walnüssen im Pie ist einfach sensationell!

ZUBEREITUNGSZEIT:
ca. 55 Minuten
+ 60 Minuten Ruhe- bzw. Kühlzeit für den Teig (inkl. Abkühlzeit für die Äpfel)
+ ca. 60 Minuten Backzeit

HINWEIS: Du kannst schon am Vortag den Teig zubereiten und die Äpfel dünsten und beides im Kühlschrank zwischenlagern (die Äpfel vorher abkühlen lassen).

ZUTATEN
Für den Teig
(Achtung: Butter und Eier müssen unbedingt kalt sein)
250 g kalte Butter, in kleine Stücke geschnitten
400 g Weizenmehl (Type 405)
50 g Speisestärke
½ Päckchen Backpulver (= 1 TL)
100 g Vollrohrzucker – wahlweise Zucker aus Zuckerrüben
3 kalte Eigelb (L) – direkt aus dem Kühlschrank
1 Prise Salz

Für die Füllung
1 TL Zucker
20 g Butter
1 kg säuerliche Äpfel, geschält, vom
Kerngehäuse befreit und in Spalten
geschnitten
Saft von ½ Zitrone
1 Msp. Zimtpulver
125 g geschälte Walnüsse, halbiert
1 EL Honig

AUSSERDEM: große Schüssel, evtl.
Rührgerät mit Knethaken, Tarteform
(Durchmesser 28 cm), etwas weiche
Butter und Mehl zum Einfetten und
Ausstäuben der Form, Frischhaltefolie,
großer Topf, kleine beschichtete Pfanne,
Mehl zum Bestäuben der Arbeitsfläche,
Nudelholz, Gabel

ZUBEREITUNG

Zuerst den Teig zubereiten, weil er vor
der Weiterverarbeitung gekühlt werden
muss. Dazu alle Zutaten für den Teig in
eine große Schüssel geben und mit den
Knethaken eines Rührgeräts – oder mit
gewaschenen Händen – rasch zu einem
Mürbeteig kneten.

Eine Tarteform mit weicher Butter einfetten und anschließend dünn mit Mehl
bestäuben. Zwei Drittel des Mürbeteigs
mit den Händen gleichmäßig in die Form,
inkl. Rand, drücken. Mit Frischhaltefolie
abdecken und für 60 Minuten in den
Kühlschrank stellen. Das restliche Drittel
zu einer Kugel formen, in Frischhaltefolie
einschlagen und ebenfalls 60 Minuten in
den Kühlschrank legen.

Während der Teig im Kühlschrank ist, die
Füllung zubereiten. Dazu den Zucker in
einem großen Topf erhitzen und schmelzen lassen. Die Butter zugeben und
rasch unterrühren. Die Hitze auf kleine
Flamme reduzieren und die Apfelspalten
zugeben. Zügig unterrühren und mit dem
Zitronensaft ablöschen. Das Zimtpulver
zugeben und die Äpfel ca. 5 Minuten
dünsten. Sie sollten nicht komplett weich
werden und ihre Form behalten.

Die Äpfel zum Abkühlen beiseitestellen
und als Nächstes die Walnüsse zubereiten. Dazu eine kleine beschichtete Pfanne
trocken, also ohne Inhalt, auf dem Herd
erhitzen. Dann die Walnüsse zugeben
und unter mehrmaligem Schwenken
ca. 3 Minuten anrösten. Die Pfanne vom
Herd nehmen, den Honig zugeben und
unterrühren. Der Honig schmilzt in der

Pfanne sofort und überzieht die Walnüsse mit einem süßen Film.
Die Nüsse zu den Äpfeln zum Abkühlen geben.
Nach 60 Minuten Kühlzeit für den Teig den Backofen auf 180 Ober-/Unterhitze bzw. 150 Grad Umluft vorheizen.
Dann zuerst die Teigkugel aus dem Kühlschrank nehmen und auf einer mit Mehl bestäubten Arbeitsfläche ca. 3–5 mm dick ausrollen.
Die Tarteform aus dem Kühlschrank nehmen und die Apfel-Walnuss-Mischung gleichmäßig in die Form füllen. Mit der ausgerollten Teigplatte abdecken, an den Rändern gut festdrücken. Die Oberfläche gleichmäßig mit einer Gabel einstechen, damit während des Backens Luft entweichen kann.
Auf mittlerer Schiene im Ofen in ca. 60 Minuten goldgelb backen. Vor dem Servieren leicht abkühlen lassen und lauwarm genießen.

TIPPS: Meine Freunde in den Staaten servieren ihren Apple Pie traditionell mit Vanilleeis, aber ich mag ihn am liebsten mit einem ordentlichen Klecks Schlagsahne!

Frischer Apple Pie ist wunderbar locker und krümelig. Ich persönlich mag ihn aber noch lieber, wenn er ein bisschen durchgezogen ist. Dazu lasse ich den Pie komplett auskühlen und wickle ihn dann in Frischhaltefolie und lagere ihn im Kühlschrank. Nach zwei Tagen schmeckt er wunderbar mürbe und saftig.

WEISSE SCHOKOCROS-SIES MIT HASELNÜSSEN, FRÜHSTÜCKS-CRUNCHY UND ZIMT

VEGETARISCH

Ja, ich weiß, die Kakaobohne wächst hierzulande nicht, aber ein Kochbuch ohne Schokolade kann ich mir einfach nicht vorstellen. Außerdem gehören Schokocrossies zu Dagmars Lieblingssüßigkeiten, und ihr ist schließlich dieses Buch gewidmet. Die beiden anderen »Fehltritte« in diesem Rezept sind das Verwenden von »ungesunder« (hab ich mir sagen lassen!) weißer Schokolade, aber du kannst deine Crossies gerne mit dunkler Schokolade zubereiten – das ist auch lecker –, und die Prise Zimt, die du zur Not auch weglassen kannst.

Überhaupt soll dieses Rezept nur der Einstieg in deine eigene kreative Schokocrossie-Welt sein, denn diese kleinen Köstlichkeiten kann man immer wieder neu erfinden. Du kannst zum Beispiel statt der Haselnüsse gehackte Walnüsse nehmen, oder du gibst zur flüssigen Schoko-Rohmasse zusätzlich Rosinen oder getrocknete Pflaumen, die du vorher in kleine Stückchen schneidest. Beim Frühstücks-Crunchy, das du fertig abgepackt in der Cerealien-Abteilung deines Bioladens bekommst, kannst du dich ebenfalls kreativ austoben. Ich nehme beispielsweise gerne Crunchy mit Waldbeeren oder auch schlichte Schoko-Crunchies, deren verlockend braune Farbe

dann sanft durch das Weiß der Crossies durchscheint und dem Ganzen eine herbere Geschmacksnote verleiht.

Übrigens: Ich wähle für die Schokocrossie-Herstellung immer einen kalten, aber trockenen Herbsttag, denn dann können sie schön auf dem Balkon abkühlen. Nicht abgedeckte Schokolade nimmt im Kühlschrank gerne andere »Düfte« auf und schmeckt dann auch danach.

ZUBEREITUNGSZEIT:
ca. 30 Minuten
+ ca. 20 Minuten Kühlzeit

ZUTATEN
400 weiße Schokolade, in Stücke gebrochen
100 g gehobelte Haselnüsse (findest du in der Backwarenabteilung deines Supermarktes)
100 g Frühstücks-Crunchy aus dem Bioladen (z.B. Dinkel-Crunchy)
¼ TL Zimtpulver

AUSSERDEM: mittelgroßer Topf, Schüssel, die in den Topf passt, ohne den Rand zu berühren, kleine beschichtete Pfanne, mittelgroße Schüssel, Gummischaber, Teelöffel, Backpapier, Gitterrost aus dem Backofen

ZUBEREITUNG

Einen mittelgroßen Topf ca. eine Hand breit mit Wasser füllen und dieses zum Kochen bringen. Die Hitze auf mittlere Flamme reduzieren. Die Schokostücke in eine Schüssel geben und diese dann ins köchelnde Wasser stellen. Die Schokolade im Wasserbad ca. 15 Minuten schmelzen lassen, bis sie komplett flüssig ist. Während die Schokolade schmilzt, eine kleine beschichtete Pfanne trocken, also ohne Inhalt, auf dem Herd erhitzen. Die Haselnüsse zugeben und unter gelegentlichem Schwenken ca. 4 Minuten anrösten. Beiseitestellen. Frühstücks-Crunchy und geröstete Haselnüsse in eine mittelgroße Schüssel geben. Geschmolzene Schokolade und Zimt mit einem Gummispatel unterrühren. Backpapier auf den Gitterrost legen. Die Crossie-Masse portionsweise mit einem Teelöffel abstechen und auf dem Backpapier gleichmäßig verteilen. 20 Minuten zum Abkühlen bzw. bis sich die Schokolade wieder verfestigt hat, an einen kühlen Ort stellen.

HINWEIS: Schon meine Mutter hat Schokocrossies selbst gemacht, als ich noch ein Kind war. Damals wurden herkömmliche Cornflakes statt der gesünderen Crunchys verwendet. Crunchys haben, wenn überhaupt, sehr viel weniger Zucker, werden aber oft mit »gepufftem« Reis angereichert, der in Europa hauptsächlich in Italien, Spanien und Portugal, aber nicht bei uns in Deutschland angebaut wird.

HERBSTMARMELADE: BIRNEN-KÜRBIS-MARMELADE MIT ORANGENZESTEN

VEGETARISCH/GLUTENFREI

Das Rezept für diese leckere Marmelade stammt von einer alten Bäuerin in meinem Heimatort, bei der ich als kleines Mädchen – in Begleitung meiner Omi – einmal in der Woche frische Milch geholt habe. Die Bäuerin war eine Freundin meiner Großmutter, sodass wir immer noch, bevor wir uns mit unserer kleinen Milchkanne wieder auf den Heimweg machten, auf einen Plausch in der gemütlichen Küche zusammensaßen, in der es nach warmer Kuh und Holzfeuer roch. Ich lauschte still den Geschichten der beiden Frauen, die meistens vom Krieg und seinen Entbehrungen, aber auch von fröhlichen Jugendjahren handelten, und kaute selig an einem Marmeladebrot, das dick mit Butter und je nach Jahreszeit wechselnden Marmeladen und Gelees bestrichen war.

Ich habe dem ursprünglichen Rezept noch Orangenzesten zugefügt, weil sie der Marmelade etwas mehr Frische verleihen. Du kannst sie auch weglassen, denn im Gegensatz zu den Birnen, die im Obstgarten der alten Bäuerin zuhauf wuchsen, gedeihen Orangen natürlich nicht in unseren nördlichen Breitengraden.

ZUBEREITUNGSZEIT:
ca. 50 Minuten

ZUTATEN (FÜR 4–5 GLÄSER)
300 g Hokkaido-Kürbis (Nettogewicht),
gewaschen, von den Kernen befreit und
in mundgerechte Stücke geschnitten
400 g Birnen, gewaschen, von Stielen und
Kerngehäuse befreit und in mundgerechte Stücke geschnitten
300 ml naturtrüber Apfelsaft
Zesten von 2 Orangen – Schale vorab
unter fließendem heißem Wasser abwaschen
1 Päckchen = 500 g Gelierzucker (2+1)
2–3 EL Zitronensäure – je nachdem, wie
viel Säure du haben möchtest (generell
sind Kürbis und Birnen vom Geschmack
her aber eher »dumpf«, sodass die
Marmelade gut etwas zusätzliche Säure
vertragen kann)

WICHTIG: Bevor du mit dem Einkochen
beginnst, bereite deine Einmachgläser
vor, indem du sie in kochendem Wasser
sterilisierst (siehe Tipp auf S. 76).

AUSSERDEM: großer Topf, Schaumkelle,
Pürierstab, Schöpfkelle, Marmeladen-
trichter (bekommst du im gut sortierten
Supermarkt oder im Haushaltswaren-
geschäft), ausreichend sterile Gläser mit
Schraubverschluss

ZUBEREITUNG
Kürbis, Birnen und Apfelsaft in einen
großen Topf geben und langsam erhitzen.
10–15 Minuten köcheln lassen, bis Kürbis
und Birnen weich sind. Gegebenenfalls
mit einer Schaumkelle den Schaum entfernen.
Orangenzesten und Gelierzucker zugeben und unterrühren. Weitere 5 Minuten
auf mittlerer Flamme köcheln lassen.
Den Topf vom Herd nehmen und die
Masse mit einem Pürierstab pürieren.
Abschließend die Zitronensäure zugeben
und unterrühren. Ca. 5 Minuten »ziehen«
lassen.
Die noch heiße Masse mit einer Schöpfkelle und mithilfe des Marmeladentrichters in sterile Gläser füllen und gut
verschließen. Die Marmeladengläser
5 Minuten auf den Kopf stellen. So gehst
du sicher, dass sich ein Vakuum im Glas
bildet. Dann wieder umdrehen.

blassblau – flockenweich – klirrend kalt – mollig warm –

eisblumenzart – schneeweiß – Kaminflackern – himmelsblass –

Schneekristalle – Flockenwirbel – rotbackig

Winter

Zeit des Rückzugs

OBST: Äpfel und Birnen (gelagert), Quitten (werden im Oktober geerntet), Zitrusfrüchte (obwohl Orangen, Zitronen, Mandarinen und Clementinen nicht bei uns wachsen, finden sie Aufnahme in diese Tabelle; damit bilden sie die Ausnahme der Regel, denn sie liefern wertvolles Vitamin C und sind im Winter nicht von unserem Speiseplan wegzudenken)

~~~~~~~~~~~~~~~~~~~~~~

NÜSSE: Haselnüsse, Walnüsse

~~~~~~~~~~~~~~~~~~~~~~

GEMÜSE: Kartoffeln (gelagert), Kohlsorten, Schwarzwurzeln, Wirsing

SPIRITUALITÄT

In unseren Breitengraden wird Spiritualität eng mit dem Christentum verbunden. Wir feiern hohe Kirchenfeste, und dazu gehören auch ausgewählte Speisen, denen entweder eine besondere Bedeutung zugesprochen wird oder die aufgrund einer liebevoll gepflegten familiären Tradition jedes Jahr aufs Neue die festliche Tafel schmücken. In meiner Kindheit gab es an Heiligabend allerdings immer nur Wiener Würstchen mit Kartoffelsalat, weil das Christkind, sprich meine Mama, an diesem Tag immer alle Hände voll zu tun hatte. Erst am Tag darauf, dem ersten Weihnachtsfeiertag, wurde dann in Form von Gans und Knödeln groß aufgefahren. Bis heute sind deswegen simple Wiener Würstchen für mich der Inbegriff von freudiger Erwartung auf festlichen Glanz im Kreise meiner Familie.

Spiritualität bzw. Meditation und Achtsamkeit in Bezug auf Essen und Lebensmittel sind in den letzten Jahren aber generell immer mehr in den Fokus der Öffentlichkeit gerückt. Achtsames Kochen, wachsendes Mitgefühl für Lebewesen, die zum Verzehr gedacht sind, überhaupt großes Interesse für vegane Lebensentwürfe und ein bewussterer Umgang mit der Erde – unserer Heimat und wichtigsten Nahrungslieferantin – sind ermutigende Anzeichen für ein wachsendes Bewusstsein im spirituellen Sinne und in Bezug auf unser »Erdenbewusstsein«.

NACHGEDACHT

Achtsames Kochen und Essen hat im Buddhismus einen hohen Stellenwert. Essen wir achtsam, dann kauen wir nicht nur langsam und mit Bedacht, um uns Geschmack und Konsistenz der Gerichte und Lebensmittel bewusst zu machen, wir reflektieren auch über die Herkunft unserer Nahrung. Für den Zenmönch Thich Nhat Hanh bedeutet der achtsame Verzehr einer Orange demnach auch das Erkennen und Verstehen der größeren Zusammenhänge, die nicht nur das Wesen der Orange, sondern auch des gesamten Universums ausmachen. Alles hängt voneinander ab, nichts kann aus sich allein heraus entstehen bzw. existieren. So besteht eine Orange eben genau genommen auch aus der Erde, in der der Orangenbaum heranwuchs, aus dem Licht und der Wärme der Sonne, die die Frucht zum Reifen brachten, aus Luft, Wind und Regen und aus der Hände Arbeit, die die Bäume gepflegt und die Früchte gepflückt haben. Eben aus allem, was dazu beigetragen hat, dass wir letztendlich die saftige Süße der Orange genießen dürfen.

INNERE EINKEHR

Der Winter ist die Zeit des Rückzugs. Die Natur verschwindet unter einer dicken Schneedecke, und der Frost hält Einzug. Viele Tiere halten Winterschlaf, und die Säfte der Bäume und Pflanzen ziehen sich zurück. Die Tage werden kürzer, und wir feiern mit der Wintersonnenwende am 21. Dezember die längste Nacht des Jahres. In früheren Zeiten zogen sich während dieser Monate die Menschen in ihre Häuser zurück, um sich um die einzigen Wärmequellen in Küche und Stube herum zu versammeln. Die Frauen saßen mit Flickzeug oder Spinnrad am Kachelofen, während die Männer ihre Werkzeuge reparierten oder schnitzten. Während draußen vor den Fenstern dicke Schneeflocken trieben, wurden Geschichten erzählt oder man sang alte Lieder.

Heutzutage versammeln sich die Familien in der kalten Jahreszeit nicht mehr rund um das flackernde Feuer eines offenen Kamins, denn das rege Alltagsleben hat in unserer modernen Welt sommers wie winters das gleiche Tempo. Dennoch nutzen manche Menschen die sogenannte »stille Zeit« zur inneren Einkehr und reflektieren nicht nur an Silvester über das vergangene Jahr. Gerade in unseren schnelllebigen Zeiten sind der innere wie äußere Rückzug und das »Sich-Besinnen« auf das Wesentliche hohe Güter, die uns dabei helfen, ruhig und gelassen den Stürmen des Lebens entgegenzutreten.

NACHGEDACHT

Der Winter ist die Zeit, in der wir unseren Körper nicht nur durch warme Kleidung schützen müssen, sondern uns auch von innen heraus wärmen sollten. Es ist die Zeit der heißen Getränke, gehaltvollen Suppen und nahrhaften Aufläufe und Eintöpfe, doch auch die Seele benötigt in der dunklen Jahreszeit mehr Licht und Wärme als im Sommer. Meditation, Yoga, lange Spaziergänge im Schnee und lustige Spielenachmittage mit der Familie oder Freunden sind wunderbare Streicheleinheiten für Herz und Seele – und aus meiner eigenen, langjährigen Erfahrung als Köchin weiß ich, dass das Zubereiten von leckeren Gerichten nicht nur die Bekochten glücklich macht, sondern auch das eigene Herz vor Freude hüpfen lässt. Der Winter ist die beste Gelegenheit, sich Gäste für ein leckeres Abendessen oder zu einem ausgiebigen Brunch einzuladen.

HERZENSGÜTE

In allen Weltreligionen wird davon ausgegangen, dass die Herzensgüte, sprich die allumfassende Liebe, der natürliche Zustand der menschlichen Seele ist. Doch bei vielen Menschen ist sie leider durch negative Erfahrungen und Konditionierungen in der Kindheit und aufgrund anderer seelischer Verletzungen, die sich im Laufe des Lebens ansammeln, verdeckt. Wie ein funkelnder Klumpen Gold, der inmitten von Erde und Dreck im Boden verborgen liegt, wartet die Herzensgüte darauf, von uns zutage gefördert und behutsam gesäubert zu werden.

Gelebte Herzensgüte fängt mit einem liebevollen Umgang mit sich selbst an und bezieht nach und nach das gesamte Umfeld mit ein. Ein liebevolles Herz schlägt nicht nur mitfühlend und empathisch mit allen fühlenden Lebewesen, sondern auch für unseren Planeten mit seinen Landschaften, Pflanzen und Ozeanen. Als vor mehr als 2000 Jahren der kleine Heiland geboren wurde, brachte er genau diese allumfassende Liebe mit auf die Welt. Das »göttliche Licht«, das mit ihm – vor allem auch im Winter, also in der dunklen Jahreszeit – in Verbindung gebracht wird, ist ein Symbol für die strahlende, liebevolle Güte eines reinen Herzens.

NACHGEDACHT

Wahre Herzensgüte schließt alles mit ein. Im Buddhismus kennt man spezielle »Wunschgebete«, die helfen, liebevolle Güte im eigenen Herzen zu verankern. Diese Gebete werden sowohl an Menschen und Tiere, aber auch an Pflanzen und sogar an die scheinbar leblosen Dinge gerichtet, wie zum Beispiel Steine, die Sterne im All oder Berge, Seen und Flüsse – nichts wird ausgelassen, das ganze Universum wird mit Liebe in Form dieser vier Sätze überhäuft:

Mögest du glücklich sein.
Mögest du frei sein von inneren und äusseren Gefahren.
Mögest du gesund sein.
Mögest du heiter und gelassen sein.

WINTERLIMONADE MIT ÄPFELN UND ZIMT

VEGAN/GLUTENFREI

Von Toni, dem Cafébetreiber, habe ich im Frühlings-Kapitel (siehe Gurkenlimonade auf S. 38) bereits erzählt. Toni kreiert je nach Jahreszeit seine eigenen »Limonaden« bzw. aromatisiertes Wasser, das er kostenlos an seine Gäste ausschenkt. Seine Apfel-Zimt-Limonade mag ich besonders gerne, wobei Zimt natürlich kein heimisches Produkt ist, aber wir können beim Einkauf immerhin auf biologisch einwandfreie Ware und fairen Handel achten.

ZUBEREITUNGSZEIT:
ca. 5 Minuten
+ 45 Minuten Kühlzeit, damit die Limonade gut durchzieht

ZUTATEN
1 l kaltes Wasser
1 TL Honig
1 großer, säuerlicher Apfel, gewaschen, vom Kerngehäuse befreit und in Spalten geschnitten
2 Zimtstangen
Saft von ½ Zitrone

AUSSERDEM: großer Krug

ZUBEREITUNG
Das kalte Wasser in einen großen Krug füllen. Den Honig zugeben und unterrühren, bis er sich aufgelöst hat.
Apfelspalten, Zimtstangen und Zitronensaft zugeben und einmal umrühren.
Den Krug zum Durchziehen 45 Minuten abgedeckt in den Kühlschrank stellen.

TIPP: Je länger die Limonade durchzieht, desto mehr schmeckt sie nach Zimt. Wenn du das nicht magst, kannst du die Zimtstangen gleich, nachdem du den Krug aus dem Kühlschrank geholt hast, entfernen.

WINTERTEE: »INDIAN STYLE«

VEGETARISCH/GLUTENFREI

Mit diesem Rezept verlassen wir nun von den Zutaten her für kurze Zeit komplett unsere heimischen Gefilde, denn Assamtee, Zimt, Gewürznelken, Ingwer, Kardamom und Pfeffer gedeihen ausschließlich in wärmeren Ländern. Der Grund, warum der Tee trotzdem in diesem Kochbuch auftaucht, ist zum einen, dass er wirklich leicht zuzubereiten, also »simpel« ist, und zum anderen, dass ich immer wieder während meiner Kochkurse, wo ich ihn im Winter als »Aufwärmer« und für meine Gäste zur Begrüßung serviere, nach dem Rezept gefragt werde. Außerdem ist er so lecker, dass er sich einen Platz in einem meiner Kochbücher verdient hat.

Wichtig ist jetzt, dass du dir die Gewürze, wenn sie schon importiert werden müssen, weitestgehend aus fairem Handel besorgst, damit die Bauern und Zulieferer von ihrer Arbeit auch leben können. Bioqualität ist zudem selbstverständlich, das muss ich wohl nicht mehr extra hinzufügen.

ZUBEREITUNGSZEIT:
ca. 15 Minuten

ZUTATEN
5 Gewürznelken
3 Kardamomkapseln
1 Zimtstange
500 ml Wasser
2 Scheibchen frischer Ingwer, geschält
500 ml Vollmilch (3,5%)
5 TL Assam-Teeblätter
½ TL Zimtpulver
5 TL Vollrohrzucker
1 Prise frisch gemahlener Pfeffer

AUSSERDEM: mittelgroßer Topf, feinmaschiges Sieb, Trichter, Teekanne

ZUBEREITUNG
Einen mittelgroßen Topf trocken, also ohne Inhalt, auf dem Herd erhitzen. Gewürznelken, Kardamomkapseln und Zimtstange darin ca. 2 Minuten unter gelegentlichem Schwenken rösten, bis ein feiner Duft aufsteigt.

Mit dem Wasser aufgießen, gleichzeitig die Hitze auf mittlere Flamme reduzieren und den Ingwer zugeben. Bei geschlossenem Deckel ca. 3 Minuten sanft köcheln lassen. Dann mit der Milch aufgießen und den Tee zugeben. Einmal aufkochen lassen.

Den Topf vom Herd nehmen, Zimtpulver und Vollrohrzucker zugeben und bei geschlossenem Deckel ca. 5 Minuten ziehen lassen.

Den fertigen Tee durch ein feinmaschiges Sieb und einen Trichter in eine vorgewärmte (= vorab mit heißem Wasser ausgeschwenkte) Teekanne füllen. Abschließend eine Prise frisch gemahlenen Pfeffer zugeben.

WÄRMENDER APFEL-HOLUNDER-PUNSCH

VEGAN/GLUTENFREI

In diesen Punsch gehören Orangen und Rum, Produkte, die in unseren Breitengraden weder wachsen noch hergestellt werden, aber Weihnachten ohne Apfel-Holunder-Punsch ist für mich schlichtweg undenkbar.

ZUBEREITUNGSZEIT:
ca. 20 Minuten
(inkl. Ziehzeit)

ZUTATEN
2 l Apfel-Holunder-Saft (gibt es im Tetrapack im gut sortierten Supermarkt oder im Bioladen zu kaufen)
½ l Orangensaft
200 ml Rum
1 Orange (Schale unter fließendem warmem Wasser gewaschen), in dicke Scheiben geschnitten
1 Zimtstange (ca. 5 cm)
evtl. Saft von ½ Zitrone

AUSSERDEM: großer Topf

ZUBEREITUNG
Apfel-Holunder-Saft, Orangensaft und Rum in einen großen Topf geben und langsam erhitzen – nicht zum Kochen bringen, denn der Alkohol soll schließlich nicht »verfliegen«.
Beginnt Dampf von der Flüssigkeit aufzusteigen, Orangenscheiben und Zimtstangen zugeben. Auf kleiner Flamme und bei geschlossenem Deckel ca. 15 Minuten »ziehen« lassen. Abschließend evtl. mit Zitronensaft abschmecken, falls der Punsch zu süß ist.
Portionsweise in Tassen oder Gläser füllen und heiß servieren.

WINTERBUTTER: GETROCKNETE PREISELBEEREN UND BLUTORANGE

VEGETARISCH/GLUTENFREI

Diese Butter schmeckt herrlich zu Wild und anderen Fleischgerichten, aber auch auf herzhaftem Bauernbrot kann sie sich durchaus sehen lassen.

Ich liebe Blutorangen. Natürlich ist mir klar, dass diese köstlichen Früchte nicht auf hiesigen Bäumen gedeihen, aber es ist schließlich Winter!

Heutzutage werden aus aller Welt Beeren importiert, denen nahezu »magische Kräfte« zugesprochen werden. Cranberrys oder auch die Goji-Beere gelten als sogenanntes »Superfood«, das in keinem Müsli fehlen darf. Dabei strotzen auch unsere heimischen Beeren nur so von Vitamin C, Mineralien und Spurenelementen. Preisel-, Blau- und andere Waldbeeren können sich also durchaus mit ihren Verwandten aus Übersee messen.

ZUBEREITUNGSZEIT:

ca. 10 Minuten
+ ca. 2 Stunden Kühlzeit

ZUTATEN

150 g weiche Butter – du kannst auch 250 g Butter verwenden; in dem Fall die Menge aller nachstehenden Zutaten entsprechend erhöhen und einen Teil der Butter zur späteren Verwendung einfrieren

2 EL getrocknete Preiselbeeren, grob gehackt
Saft und Zesten von ½ Blutorange – Schale vorab unter fließendem warmem Wasser abwaschen
grobes Salz

AUSSERDEM: mittelgroße Schüssel, Rührgerät mit Knethaken (wahlweise Küchenmaschine), Frischhaltefolie

~~~~~~~~~~~~~~~~~~~~~~

ZUBEREITUNG

Die Butter in eine Schüssel oder in die Küchenmaschine geben und cremig schlagen. Beeren, Orangensaft und -zesten zugeben und gut unterrühren. Mit Salz abschmecken.

Die Winterbutter gleichmäßig auf einem Stück Frischhaltefolie verteilen und zu einer festen Rolle formen. So verpackt in den Kühlschrank legen und ca. 2 Stunden erkalten lassen.

Die fertige Butter bei Bedarf portionsweise in Scheibchen schneiden und als Brotaufstrich oder zu Wild und anderen Fleischgerichten servieren.

TIPP: Getrocknete Preiselbeeren sind nicht so leicht zu bekommen (ich kaufe sie immer auf dem Münchner Viktualienmarkt), du kannst stattdessen auch klein gehackte, getrocknete Aprikosen verwenden. Datteln und besagte Cranberrys schmecken auch lecker in der Butter, werden aber, wie du weißt, von weit her importiert.

WINTERDRESSING: APFELSAFT UND APFELESSIG

VEGAN/GLUTENFREI

Dieses Dressing schmeckt super zu klassischen Wintersalaten wie Endivie oder Zuckerhut. Letzterer ist eine Entdeckung von mir, in die ich mich regelrecht verliebt habe. Der Zuckerhut ist ein naher Verwandter der Endivie und schmeckt ebenfalls – entgegen seiner Bezeichnung – leicht bitter. Er sollte vorab in lauwarmem Wasser ziehen, damit er milder vom Geschmack und bekömmlicher wird. Dazu den Zuckerhut klein schneiden, waschen und für ca. 4–5 Minuten in eine große Schüssel mit lauwarmem Wasser geben. Durch ein Sieb abgießen – et voilà!

Apfelessig und Apfelsaft passen auch prima zu anderen bitteren Salaten wie Chicorée oder Radicchio.

ZUBEREITUNGSZEIT:
ca. 3 Minuten

ZUTATEN
2–3 EL Distelöl
800 ml naturtrüber Apfelsaft
2–3 EL Apfelessig
evtl. 1 TL Honig – wenn dir der Apfelsaft süß genug ist, kannst du auf den Honig verzichten
Salz und frisch gemahlener Pfeffer

AUSSERDEM: Messbecher, mittelgroße Schüssel, Gabel

~~~~~~~~~~~~~~~~~~~~

ZUBEREITUNG
Distelöl und Apfelsaft in eine mittelgroße Schüssel geben und mit einer Gabel gut verrühren, damit sich die beiden Flüssigkeiten homogen verbinden.
Apfelessig und evtl. Honig sorgfältig unterrühren und mit Salz und frisch gemahlenem Pfeffer abschmecken.

TIPP: Meine Mutter würzt dieses Dressing gerne zusätzlich mit etwas gekörnter Gemüsebrühe.

LAUWARMER KRAUT-SALAT MIT SPECK UND KÜMMEL

GLUTENFREI / OHNE SPECK VEGETARISCH

Dieser Salat ist in vielen traditionellen Gaststätten meiner bayerischen Heimat ein nicht wegzudenkendes Standardgericht auf der Speisekarte. Meist wird er als Beilage zu Schweinebraten oder Bratwürsten serviert, aber er schmeckt auch ganz alleine für sich sehr lecker. Ich persönlich esse gerne ein einfaches Butterbrot dazu – am liebsten ein kräftiges Sauerteigbrot mit krosser Kruste und leicht gesalzene Butter.

Der Kümmel bewirkt, dass dieser deftige Salat leichter zu verdauen ist. Butterschmalz und geräucherter Bauchspeck, zu dem man in Bayern »Wammerl« sagt, sind in diesem Fall unausweichlich – denn nur so schmeckt der Krautsalat wie früher, als ich mit meinen Großeltern gelegentlich in die »Wirtschaft«, so bezeichneten wir in der Familie generell Restaurants und Gaststätten, gehen durfte, um Knödel mit Soße und lauwarmem Krautsalat zu essen. Dazu gab es immer, und das war eigentlich das Beste an der ganzen Sache, ein großes Glas Orangenlimonade, aber das ist eine andere Geschichte.

ZUBEREITUNGSZEIT:
ca. 55 Minuten
+ ca. 30 Minuten Abkühlzeit

ZUTATEN
1 TL Zucker
1 EL Apfelessig
3 EL Butterschmalz
1 große Zwiebel, geschält und fein geschnitten
100 g geräucherter Bauchspeck, in feine Würfel geschnitten
1 großer Kopf Weißkraut (ca. 2 kg Bruttogewicht), vom Strunk befreit, gewaschen und fein gehobelt
¼ l Gemüsebrühe
1 TL Kümmelsamen
Salz und frisch gemahlener Pfeffer

AUSSERDEM: Gurkenhobel, großer Topf

~~~~~~~~~~~~~~~~~~~~~~~~~~~~~~~

ZUBEREITUNG
Den Zucker in einen großen Topf geben und erhitzen, bis er zu schmelzen beginnt und eine goldene Farbe angenommen hat. Mit dem Apfelessig ablöschen und die Hitze auf mittlere Flamme reduzieren. Butterschmalz und Zwiebeln zugeben und so lange dünsten, bis die Zwiebeln glasig sind. Dabei immer wieder umrühren.
Die Hitze auf kleine Flamme reduzieren. Den Bauchspeck zugeben und unter Rühren anbraten, bis das Fett austritt. Dabei darauf achten, dass der Speck nicht braun wird.
Das Weißkraut zugeben und unterrühren. Dann mit der Gemüsebrühe aufgießen und die Kümmelsamen zugeben. Alles

gut vermengen und weiterhin auf kleiner Flamme ca. 30 Minuten zugedeckt köcheln lassen.

Nach 30 Minuten den Deckel abnehmen und das Kraut noch weitere 10 Minuten offen schmoren lassen. Mit Salz und frisch gemahlenem Pfeffer abschmecken. Den Topf vom Herd nehmen und ca. 30 Minuten ohne Deckel abkühlen lassen. Zum Servieren portionsweise auf Teller geben.

TIPP: Heiß serviert schmeckt das Kraut natürlich auch sehr gut. Dazu passen, wie oben erwähnt, diverse Braten und Würste, aber auch simpler Kartoffelbrei.

WINTERSUPPE: GROSSMUTTERS PICHELSTEINER

GLUTENFREI

Um ehrlich zu sein, Pichelsteiner mochte ich als Kind überhaupt nicht. Ich glaube, das lag am Kümmel, den ich regelrecht verabscheute. Glücklicherweise wächst man aber meist auch geschmackstechnisch aus den Kinderschuhen heraus, und heute schätze ich diesen Eintopf – denn in Wahrheit ist diese »Wintersuppe« gar keine Suppe – an kalten Tagen sehr.

Pichelsteiner ist ein Gericht, das heutzutage nicht mehr in Mode ist, aber damals in den Siebzigern, als meine Großmutter noch jeden Mittag für die gesamte Familie kochte, kam es relativ häufig auf den Tisch. Pichelsteiner war – und ist – nahrhaft und füllte damals auch zuverlässig die Mägen der hart arbeitenden Männer. Mein Großvater führte zusammen mit meinem Vater einen Handwerksbetrieb, und die beiden kamen stets hungrig wie die Wölfe zum Mittagessen nach Hause.

ZUBEREITUNGSZEIT:
ca. 120 Minuten
(inkl. 90 Minuten Garzeit)

ZUTATEN
500 g Rindfleisch (bevorzugt Brust), in ca. 4 cm große Würfel geschnitten
250 g Schweinefleisch (bevorzugt Nacken), in 4 cm große Würfel geschnitten
2 EL Weizenmehl zum Bestäuben
Salz und frisch gemahlener Pfeffer
2–3 EL Butterschmalz
insgesamt 2 TL Rosenpaprika
insgesamt 2 TL getrockneter Majoran
insgesamt 2 TL Kümmelsamen
750 g festkochende Kartoffeln, geschält und in mundgerechte Würfel geschnitten
3 Möhren (ca. 250 g), geschält und in Scheiben geschnitten
3 große Stangen Lauch, geputzt, von den weißen Enden befreit und in grobe Ringe geschnitten
ca. 200 g Weißkraut, in feine Streifen geschnitten
2 Pastinaken (ca. 150 g) – wahlweise Petersilienwurzeln –, geschält und in mundgerechte Würfel geschnitten
200 g Knollensellerie, geschält und in mundgerechte Würfel geschnitten
8–9 getrocknete Wacholderbeeren
3 getrocknete Lorbeerblätter
1 l Gemüsebrühe – ich nehme gekörnte Instant-Gemüsebrühe
1 Bund Petersilie, gewaschen, trocken getupft und mitsamt den Stielen fein gehackt

AUSSERDEM: große Schüssel, großer Topf mit gut schließbarem Deckel

~~~~~~~~~~~~~~~~~~~~~~

ZUBEREITUNG
Die Fleischwürfel in eine große Schüssel geben und das Mehl darüberstreuen. Salzen und pfeffern. Alles gut vermengen,

sodass das Fleisch mit einer dünnen Mehlschicht bedeckt ist.

Das Butterschmalz in einem großen Topf erhitzen und das Fleisch portionsweise darin scharf anbraten. Mit jeweils einer Messerspitze Rosenpaprika, Majoran und Kümmelsamen würzen.

Den Topf vom Herd nehmen.

Ein Drittel der gesamten Fleischmenge im Topf lassen und gleichmäßig auf dem Topfboden verteilen, den Rest zurück in die große Schüssel geben und kurz beiseitestellen.

Das Fleisch im Topf mit einer Lage Kartoffeln, Möhren, Lauch, Weißkraut, Pastinaken und Knollensellerie abdecken. 2–3 Wacholderbeeren und 1 Lorbeerblatt obenauf legen. Erneut mit je einer Messerspitze Rosenpaprika, Majoran und Kümmel bestreuen. Leicht salzen.

Die Hälfte der in der Schüssel verbliebenen Fleischmenge gleichmäßig auf dem Gemüsebett verteilen.

Erneut eine Lage Gemüse über das Fleisch schichten. Restliche Wacholderbeeren, Lorbeerblätter und wieder je eine Messerspitze Gewürze obenauf geben. Leicht salzen.

Mit dem letzten Drittel Fleisch, dem restlichen Gemüse und den Gewürzen genauso verfahren.

Abschließend mit der Gemüsebrühe aufgießen und die Petersilie (bis auf 1 Esslöffel zum späteren Garnieren) darüberstreuen. Darauf achten, dass der Inhalt des Topfes komplett mit Gemüsebrühe bedeckt ist.

Auf kleiner Flamme mit geschlossenem Deckel – und ohne umzurühren! – ca. 90 Minuten garen. Bei Bedarf nach der Hälfte der Garzeit etwas heiße Gemüsebrühe nachgießen.

Zum Servieren den Pichelsteiner portionsweise in tiefe Teller geben und mit der restlichen Petersilie und frisch gemahlenem Pfeffer anrichten.

DAS SOLLTEST DU WISSEN

Schweine aus konventioneller Aufzucht verbringen ihr ganzes Leben im Stall – oft eng zusammengepfercht, mitunter sogar in äußerst engen Metallkäfigen ohne jeglichen Bewegungsspielraum und ohne natürliches Tageslicht. Deswegen sieht man Schweine, die fröhlich draußen in der Erde wühlen oder sich in der warmen Sonne mit ihren Artgenossen gemütlich aalen, leider eher selten. Ein Schwein, das artgerecht aufwächst, hat ausreichend Auslauf an der frischen Luft und setzt dadurch langsamer Fett an. Seine Aufzucht ist in vielerlei Hinsicht kostenaufwendiger.

Aber egal, ob es sich um einen konventionellen oder um einen Ökobetrieb handelt, männliche Mastschweine werden immer kastriert. So geht man sicher, dass das Fleisch nicht unangenehm nach Eber riecht, ein Geruch, der sehr an Urin erinnert. Bis heute ist es erlaubt, wenn auch stark umstritten, dass die Tiere ohne Betäubung kastriert werden. Erst im Januar 2019 wird ein Gesetz in Kraft treten, das die Kastration der männlichen Ferkel ohne Betäubung verbietet.

EXTRA: HÜTTENZAUBER

Der Winter ist die Zeit des Rückzugs für Mensch und Natur – und für mich und meine Schwester genau der richtige Zeitpunkt, um ein paar gemütliche Tage in unserer Hütte in den Bergen zu verbringen. Mit vollgepackten Rucksäcken und zwei Schlitten im Schlepptau stapfen wir alljährlich durch tiefen Schnee bergauf, um letztendlich erschöpft, aber glücklich hoch droben in der Einsamkeit anzukommen.

Unsere kleine Hütte liegt nahe einer schmalen Forststraße, und dennoch müssen wir alle Nahrungsmittel, die wir für unseren Aufenthalt benötigen, nach oben tragen. Es ist uns schon passiert, dass wir in sehr strengen Wintern, endlich oben angekommen, den Zugang zur Türe erst frei schaufeln mussten – Erschöpfung nach dem langen Aufstieg hin oder her.

Nach der Ankunft geht es sofort ans Einschüren der beiden Öfen, denn in der Regel ist es klamm und kalt in den drei Räumen, die lange nicht benutzt wurden. Holz muss gehackt werden, und manchmal dauert es lange, bis der Kamin endlich durchzieht. Prasselt dann das Feuer, schmelzen wir Schnee in einem riesigen Topf auf dem Küchenherd, um an Wasser zu kommen. Über das Holzgestänge am Kachelofen in der Stube hängen wir unsere nassen Socken und durchgeschwitzten Klamotten. Und während meine Schwester erneut Holz hackt, beginne ich in den Tiefen unserer Rucksäcke nach Essbarem zu kramen, um uns eine erste warme Mahlzeit zu kochen.

Auf dem Dach unserer Hütte befindet sich eine kleine Solarzelle, sodass wir in Küche und Stube ein wenig elektrisches Licht haben. Im Sommer läuft klares Wasser aus einer nahen Quelle in einen kleinen Trog vor dem Haus und in einen Wassertank, der den Spülkasten der Toilette versorgt, aber im Winter sind die Leitungen zur Quelle zugefroren, und so müssen wir – nach dem Essen und einer Tasse Tee – auch noch eimerweise Schnee für das Klo schmelzen.

Nachts, nachdem wir müde ins Bett gefallen sind, rascheln die Mäuse auf der Suche nach Leckereien durch unsere kleine Küche. Alles wird deswegen gut verstaut, denn nichts ist vor den kleinen Nagern sicher. Am Morgen muss das Feuer in den Öfen neu entfacht werden, bevor wir gemütlich, mit Blick durch das Fenster in die weite, weiße Landschaft, unsere erste Tasse Kaffee schlürfen können. Wer zuerst wach wird, macht Feuer, und meist schummle ich und stelle mich schlafend, damit ich nicht als Erste meinen warmen Schlafsack verlassen muss.

In einer Welt, die es uns in der Regel sehr einfach macht, haben wir längst verlernt und auch vergessen, was es bedeutet, sich wirklich selbst zu versorgen – und wie mühsam das sein kann. Wir verschwenden keinen Gedanken an Licht und Wärme oder an die Hitze des Herdes, auf dem wir unsere Speisen zubereiten, weil es dafür nur einen Knopfdruck oder das Umlegen eines Schalters braucht. Wir drehen Wasserhähne auf und zu, ohne dankbar dafür zu sein, dass wir überhaupt fließendes Wasser haben. Wir müssen unser Wasser weder von weit her nach Hause tragen noch im Winter dafür extra Schnee schmelzen.

Das Essen, das meine Schwester und ich jedes Mal mühsam zu unserer Hütte schleppen, meist nur Nudeln, Tomaten, Zwiebeln, Brot und Käse, schmeckt uns um ein Tausendfaches besser als zu Hause, denn wir wissen, welche Anstrengungen es gebraucht hat, um es hierherzubringen. Die erste Tasse Kaffee am Morgen – Kaffee und Milch natürlich auch von daheim mitgebracht – schmeckt ungleich köstlicher als der Kaffee aus der elektrischen Kaffeemaschine zu Hause, denn wir mussten dafür Holz hacken, Feuer machen und Wasser schmelzen.

Diese Möglichkeit, hin und wieder ein einfaches und reduziertes Leben zu führen, lässt mich, und mit Sicherheit auch meine Schwester, achtsamer und bewusster mit Nahrungsmitteln und den Ressourcen unserer Erde umgehen.

WIRSINGPÄCKCHEN GEFÜLLT MIT KARTOFFELSTAMPF, GERÖSTETEN WALNÜSSEN UND GETROCKNETEN TOMATEN, DAZU HAFERSAHNE-APFELWEIN-SOSSE

VEGAN

ZUBEREITUNGSZEIT:
ca. 55 Minuten

ZUTATEN

Für die Wirsingpäckchen
(6–10 Stück, je nach Größe der Blätter)
1 kg vorwiegend festkochende Kartoffeln, gewaschen
80 g Walnüsse, grob gehackt
190–200 g getrocknete und in Öl eingelegte Tomaten, abgetropft, mit Küchenkrepp abgetupft und in feine Streifen geschnitten
2–3 EL Olivenöl
Salz und frisch gemahlener Pfeffer
6–8 große bzw. 10 kleine Wirsingblätter (den restlichen Kopf anderweitig verkochen, siehe Tipp)

Für die Soße
2 EL Olivenöl
1 Schalotte, geschält und fein geschnitten
1 gehäufter EL Weizenmehl (Type 405)
¼ l Apfelwein bzw. Apfelcidre – wahlweise trockener Weißwein
500 ml Hafersahne (aus dem Bioladen)

1 getrocknetes Lorbeerblatt
1 Prise geriebene Muskatnuss
Salz und frisch gemahlener Pfeffer

AUSSERDEM: Küchenkrepp, großer Topf, große Schüssel, Gabel, 2 saubere Geschirrhandtücher, kleine beschichtete Pfanne, kleine Schüssel, Schaumkelle, kleine Auflaufform, mittelgroßer Topf, Schneebesen

~~~~~~~~~~~~~~~

ZUBEREITUNG

Zuerst die Kartoffeln mitsamt der Schale kochen. Dazu die Kartoffeln in reichlich Wasser kalt aufsetzen und in ca. 20–25 Minuten gar kochen. Anschließend pellen und in eine große Schüssel geben. Mit einer Gabel grob zerdrücken. Abdecken, damit die Kartoffeln nicht auskühlen. Schon während die Kartoffeln kochen, eine kleine beschichtete Pfanne trocken, sprich ohne Inhalt, erhitzen. Die Walnüsse zugeben und in ca. 2–3 Minuten unter Schwenken anrösten. Vom Herd nehmen, zum Abkühlen in eine kleine Schüssel geben und beiseitestellen, bis die Kartoffeln gar sind.

Getrocknete Tomaten und Walnüsse zu den zerdrückten Kartoffeln geben, das Olivenöl zufügen und kräftig mit Salz und frisch gemahlenem Pfeffer abschmecken. Abgedeckt beiseitestellen.

Reichlich Wasser in einen großen Topf geben (du kannst den Kartoffel-Topf wieder verwenden – vorher ausspülen) und zum Kochen bringen. Das Kochwasser salzen und die Hitze auf mittlere Hitze reduzieren. Die Wirsingblätter einlegen und ca. 3–4 Minuten blanchieren.

Mit einer Schaumkelle die Wirsingblätter aus dem Kochwasser nehmen und nebeneinander zum Abtropfen auf ein sauberes Geschirrhandtuch legen. Die Stiele der Blätter der Länge nach einschneiden.

Den Backofen auf 100 Grad Ober-/Unterhitze vorheizen.

Die Wirsingblätter portionsweise mit Kartoffelstampf füllen und Päckchen daraus formen. In eine kleine Auflaufform legen und im Backofen warm halten, bis die Soße fertig ist.

Für die Soße das Olivenöl in einem mittelgroßen Topf erhitzen. Die Schalotte zugeben und in ca. 2 Minuten glasig dünsten.

Dann schnell das Weizenmehl mit dem Schneebesen unterrühren und mit dem Apfelwein ablöschen. Kurz aufkochen lassen; dabei mit dem Schneebesen immer wieder umrühren.

Die Hitze auf kleine Flamme reduzieren. Hafersahne, Lorbeerblatt und Muskat zugeben und unterrühren. Bei geschlossenem Deckel ca. 5 Minuten sanft köcheln lassen. Abschließend mit Salz und frisch gemahlenem Pfeffer abschmecken.

Die Wirsingpäckchen aus dem Ofen nehmen. Die Soße auf vier flache Teller verteilen und die Päckchen portionsweise darauf anrichten.

TIPP: Restliche Soße kannst du wunderbar als Basis für traditionelles Wirsinggemüse verwenden.

FRANZÖSISCHER RINDERSCHMORTOPF MIT GETROCKNETEN APRIKOSEN UND HAUS-GEMACHTEN SPÄTZLE

OHNE SPÄTZLE GLUTENFREI

In früheren Zeiten kam Fleisch sehr selten auf den Tisch. Ich erinnere mich an die Sonntagsbraten meiner Kindheit, deren Verzehr von der gesamten Großfamilie geradezu zelebriert wurde. Während des Essens wurde damals von den Erwachsenen immer wieder betont, wie selten und wie teuer gutes Fleisch ist. Fleisch sollte auch heute noch wie etwas Wertvolles behandelt werden, das zu ganz besonderen Gelegenheiten gegessen wird, und zwar nicht nur aus ethischen, sondern auch aus ökologischen Gründen.

Wer Fleisch konsumiert, sollte generell wissen, wie viel Ressourcen – Wasser, Strom, Weideflächen, Stallgebäude usw. – aufgewendet werden müssen, um es zu erzeugen. Um zum Beispiel gutes lokales Rindfleisch zu bekommen, ist es wichtig, einen Metzger zu finden, dem du wirklich vertrauen kannst. Nur dann kannst auch sichergehen, dass das Tier artgerecht aufgezogen wurde.

In Frankreich heißt die hier beschriebene Art der Zubereitung des Rindfleisches »Boeuf en daube«, also »Rindfleisch im Topf«. Statt der Aprikosen werden dort mancherorts Orangen oder Blutorangen verwendet. Das schmeckt auch lecker, aber weil in unseren Breitengraden keine Orangen wachsen – und Zitrusfrüchte in diesem Buch eh schon ein Zugeständnis sind –, habe ich ein bisschen herumexperimentiert und mich für eine Variante mit getrockneten Aprikosen entschieden. Das Johannisbeergelee bringt die zusätzliche säuerliche Frische in das Gericht, die sonst der Orangensaft liefern würde.

ZUBEREITUNGSZEIT:
ca. 60 Minuten
+ ca. 12 Stunden Marinierzeit für das Fleisch
+ 4–5 Stunden Garzeit – je länger das Fleisch im Ofen schmort, desto zarter wird es

ZUTATEN
Für den Schmortopf
2 kg mageres Rindfleisch (z.B. von der Schulter), in mundgerechte Stücke geschnitten
4 getrocknete Lorbeerblätter
5–6 getrocknete Pimentkörner
1 Bund Suppengrün
100 g getrocknete Aprikosen
1 Fenchelknolle, gewaschen und in mundgerechte Stücke geschnitten
2 Möhren (ca. 150 g), gewaschen, geschält und in mundgerechte Stücke geschnitten – Achtung: die Schalen nicht wegwerfen
2 Knoblauchzehen, geschält
1 Glas Kalbsfond à 500 ml (bekommst du im gut sortierten Supermarkt)

ca. 1 l kräftiger Rotwein (z.B. Blauburgunder oder Zinfandel)
Weizenmehl
Zesten von 1 unbehandelten Zitrone – Schale vorher unter fließendem heißem Wasser abwaschen
Salz und frisch gemahlener Pfeffer
Butterschmalz zum Anbraten der Fleischstücke
2 gehäufte EL Johannisbeergelee
30 g Butter
300 g durchwachsener Speck, in feine Würfel geschnitten
1 Bund Frühlingszwiebeln, gewaschen und mitsamt dem Grün in feine Ringe geschnitten
500 g Champignons

Für die Spätzle
400 g Weizenmehl (Type 405) – noch besser ist griffiges »Spätzlemehl«
4 Eier (L)
ca. 100 ml lauwarmes Wasser
½ TL Salz

AUSSERDEM: großer Bräter mit Deckel, 2 mittelgroße Schüsseln, große Schüssel, grobmaschiges Sieb, große beschichtete Pfanne, Holzkochlöffel, großer Topf, Spätzlehobel, feinmaschiges Sieb

~~~~~~~~~~~~~~~~~~~~~~~~~~~~~~

ZUBEREITUNG

Das Fleisch am Vortag marinieren. Dazu die Fleischstücke in einen großen Bräter geben. Lorbeerblätter, Pimentkörner, Suppengrün, Aprikosen, Fenchel, Möhren – plus den Schalen! – und Knoblauchzehen zugeben, dann mit Kalbsfond und Rotwein aufgießen. Das Fleisch sollte komplett bedeckt sein. Falls noch Flüssigkeit fehlt, kannst du zusätzlich mit Wasser aufgießen. Abdecken und über Nacht an einem kühlen Ort durchziehen lassen.

Am nächsten Tag – Achtung: viel Zeit einplanen, denn der Schmortopf sollte ca. 4–5 Stunden im Backrohr sein – Suppengrün und Fleisch aus der Marinade entfernen. Das Suppengrün in mundgerechte Stücke schneiden und in eine mittelgroße Schüssel geben; das Fleisch in eine große Schüssel geben. Die Marinade durch ein grobmaschiges Sieb in eine weitere mittelgroße Schüssel gießen. Gemüse, Aprikosen und Gewürze, die im Sieb zurückbleiben, zum Suppengrün geben, die Möhrenschalen entfernen. Die Marinade beiseitestellen.

Den Backofen auf 150 Grad Ober-/ Unterhitze (keine Umluft!) vorheizen. Das Fleisch in der Schüssel mit Mehl bestäuben und gut vermengen, sodass alle Fleischstücke mit einer dünnen Mehlschicht ummantelt sind. Die Zitronenzesten zugeben, großzügig salzen und pfeffern. Noch mal gut vermischen. Ausreichend Butterschmalz in einer großen beschichteten Pfanne erhitzen und die Fleischstücke portionsweise von allen Seiten scharf anbraten. Gegebenenfalls immer wieder etwas Butterschmalz zugeben.

Die angebratenen Fleischstücke in den großen Bräter legen. Die Pfanne mit etwas heißem Wasser ausschwenken und die Flüssigkeit mit dem Bodensatz über das Fleisch gießen.

Marinade, Aprikosen, Gemüse und Gewürze zum Fleisch geben; darauf achten, dass das Fleisch komplett mit Flüssigkeit bedeckt ist. Abschließend das Johannisbeergelee unterrühren. Abdecken und auf unterster Schiene in den Ofen stellen. Mindestens 4 Stunden, besser sind aber 5 Stunden, garen.

Eine Stunde vor Ende der Garzeit die Butter in einer großen beschichteten Pfanne erhitzen. Die Hitze auf kleine Flamme reduzieren und die Speckwürfel zugeben. Langsam anbraten und erst, wenn das Fett ausgetreten ist, die Hitze wieder erhöhen, so gehst du sicher, dass der Speck knusprig wird.

Frühlingszwiebeln und Champignons zugeben und unter Rühren 2–3 Minuten mitbraten, bis die Champignons weich sind.

Den Inhalt der Pfanne zum Rindfleisch geben und unterrühren, dann den Bräter für weitere 60 Minuten abgedeckt zurück in den Ofen stellen.

30 Minuten vor Ende der Garzeit die Spätzle zubereiten. Dazu alle Zutaten für die Spätzle in eine große Schüssel geben und verrühren – das geht am besten mit einem Holzkochlöffel! Es sollte ein zäher Teig entstehen, der am Löffel »Fäden zieht«. Gegebenenfalls noch Wasser zugeben, falls der Teig zu fest wird.

Den Teig beiseitestellen und ca. 10 Minuten ruhen lassen.

Währenddessen reichlich Wasser in einem großen Topf zum Kochen bringen und großzügig salzen. Den Teig portionsweise in den Spätzlehobel füllen und in das kochende Wasser schaben. Die Spätzle sind gar, wenn sie nach ca. 2 Minuten an die Wasseroberfläche steigen.

Mit einem feinmaschigen Sieb abschöpfen. So fortfahren, bis der Teig aufgebraucht ist.

Die fertigen Spätzle in eine vorgewärmte Schüssel füllen und bis zum Servieren abdecken, damit sie nicht auskühlen. Schmortopf und Spätzle portionsweise auf flachen Tellern anrichten. Zum Trinken den gleichen Rotwein servieren, den du auch für die Marinade verwendet hast.

DAS SOLLTEST DU WISSEN

Um ein Kilogramm Rindfleisch zu produzieren, benötigt man ca. 15000 Liter Wasser und 15 Kilogramm Getreide. Am nachhaltigsten ist übrigens der Verzehr von ausgedienten Milchkühen, deren Fleisch zudem äußerst schmackhaft ist. Natürlich stellt sich dann sofort die Frage nach der Milchproduktion überhaupt, denn Kühen, die ausschließlich der Milchproduktion dienen, werden nach der Geburt die Kälbchen weggenommen, damit ihre Milch an uns Verbraucher weiterverkauft werden kann (siehe S. 71). Eine Milchkuh durchlebt im Grunde eine Schwangerschaft nach der anderen, um so viel Milch wie möglich zu produzieren.

GERÖSTETE ROTE BETE MIT REMOULADE UND FRISCHER FENSTER-BRETT-KRESSE AUF BUTTERBROT

VEGETARISCH

Dieses einfache Rezept ist mir in Portugal, als ich auf einer Ökofarm nahe Lagos bei der Ernte half, eingefallen. Die Rote Bete, die wir damals aus der Erde zogen, um sie anschließend, nur mit etwas Öl beträufelt und mit grobem Meersalz gewürzt, im Ofen zu rösten, hatte ein unvergleichlich zartes Aroma, das ich mit dieser Knolle bis dato überhaupt nicht in Verbindung gebracht hatte. Überhaupt war alles Gemüse von dieser Farm sensationell. Niemals vorher habe ich beispielsweise beim Biss in eine Salatgurke solch ein umwerfendes Geschmacks- und Konsistenzerlebnis erfahren wie auf den Feldern von Vinha Velha.

Nach meiner Rückkehr aus Portugal hatte ich Besuch von lieben Freunden aus England, Jon erzählte mir bei einem gemeinsamen Abendessen, dass er als kleiner Junge von seiner Mutter oft Sandwich mit gekochter Roter Bete und Remoulade als Pausenbrot für die Schule mitbekommen habe. Die Idee mit der Remoulade musste ich Jon einfach »klauen« ...

ZUBEREITUNGSZEIT:
ca. 10 Minuten
+ ca. 20 Minuten Backzeit für die Rote Bete

ZUTATEN (FÜR 2 PERSONEN)
1 mittelgroße Rote Bete, geschält und in ca. 5 mm dicke Scheiben geschnitten
1 EL Olivenöl
grobes Salz
2 Scheiben Sauerteigbrot bzw. Bauernbrot deiner Wahl
Butter zum Bestreichen der Brotscheiben
etwas Kräuterremoulade
2 verschiedene Kresse- bzw. Sprossensorten (z. B. Radieschensprossen und Brunnenkresse)
frisch gemahlener Pfeffer
evtl. Salz

AUSSERDEM: Backblech, Backpapier, Backpinsel

ZUBEREITUNG
Den Backofen auf 220 Grad Ober-/Unterhitze bzw. 200 Grad Umluft vorheizen. Ein Backblech mit Backpapier auslegen. Die Rote-Bete-Scheiben darauf verteilen und einzeln mit Olivenöl einpinseln. Mit grobem Salz bestreuen. Auf mittlerer Schiene ca. 20 Minuten im Ofen garen. Aus dem Ofen nehmen und lauwarm auskühlen lassen.
Zwei Scheiben Sauerteigbrot dünn mit Butter bestreichen. Die Rote-Bete-Scheiben portionsweise darauf verteilen. Etwas Kräuterremoulade gleichmäßig obenauf geben und mit reichlich Kresse bestreuen. Mit frisch gemahlenem Pfeffer würzen und eventuell noch salzen.

TIPPS: Du kannst statt herkömmlicher Butter sowohl die Winterbutter von S. 166 als auch die Herbstbutter aus dem vorangegangenen Kapitel (S. 128) verwenden. Statt normalem Olivenöl nehme ich manchmal auch Zitronenöl, um die Rote Bete einzupinseln. Das gibt dem Ganzen eine frischere Note. Sahnemeerrettich statt Remoulade schmeckt auch sehr gut.

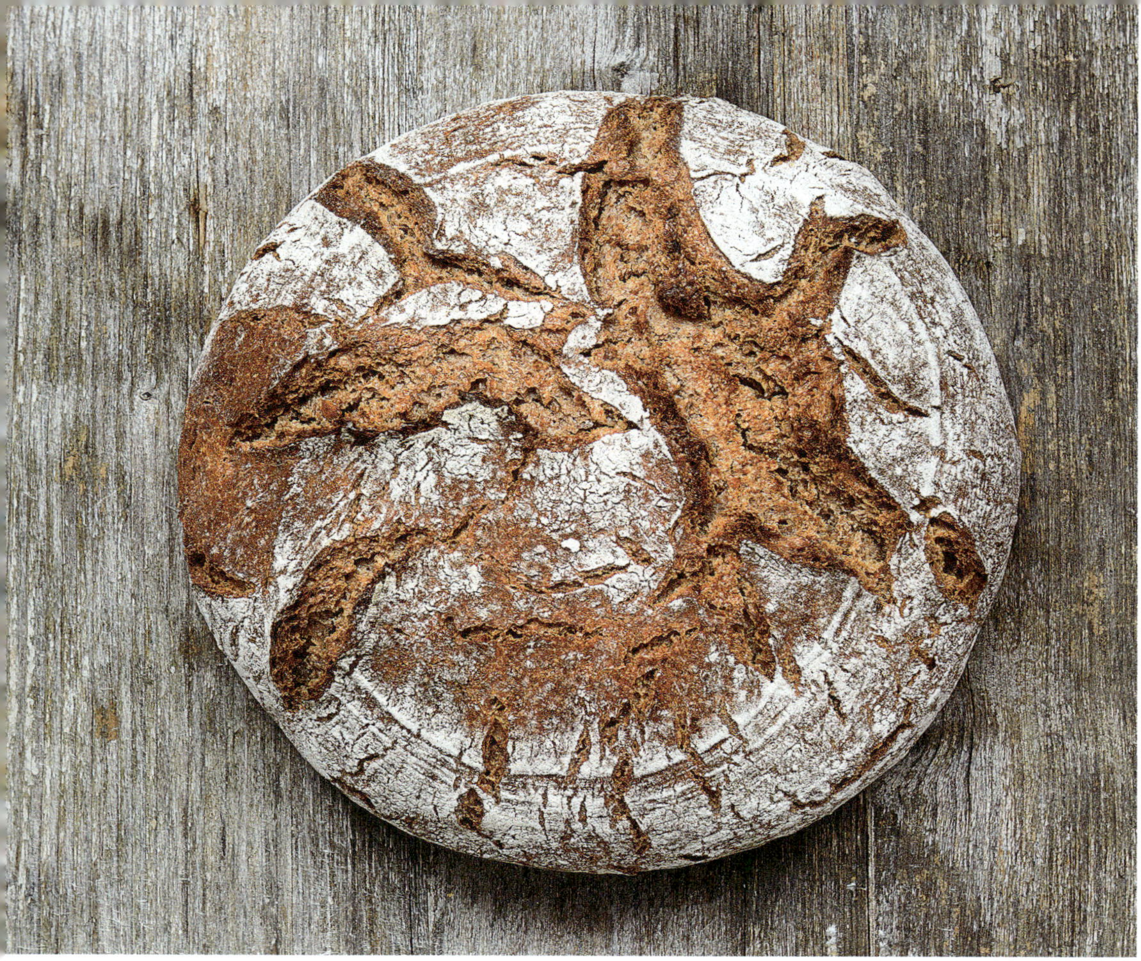

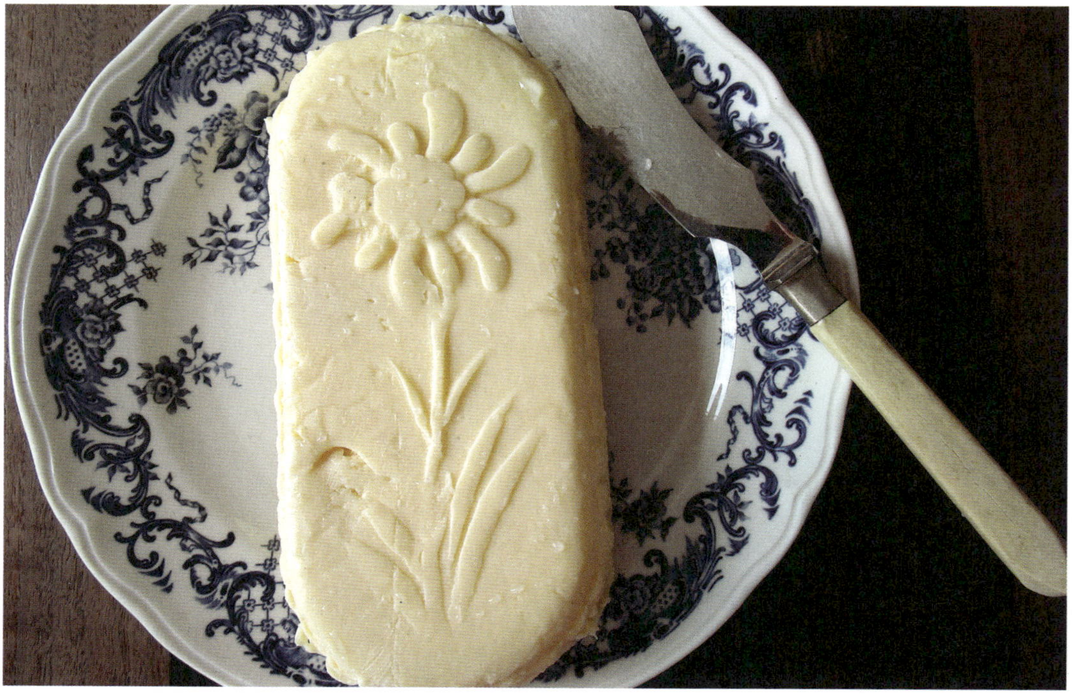

EXTRA: BUTTER UND BROT

Vor einigen Jahren war ich bei einem Freund zum Geburtstag eingeladen. Auf der Einladung stand: »Ich würde mich freuen, wenn du für das Buffet dein Lieblingsbrot oder richtig gute Butter beisteuern würdest!« Ich brachte Almbutter von meiner Schwester, die zu jener Zeit als Sennerin in den bayerischen Bergen lebte und ihre Butter selbst herstellte, mit zur Party. Als ich jedoch das Buffet sah, war die Überraschung groß, denn es gab ausschließlich Brot und Butter – und nichts anderes! – in den verschiedensten Variationen.

Als endlich alle Gäste versammelt waren, hielt der Jubilar zu diesem außergewöhnlichen Essensangebot eine bewegende Rede, in der er unter anderem erklärte, dass ihm in letzter Zeit klar geworden sei, wie selten er in der Vergangenheit das Augenmerk auf die einfachen Dinge des Lebens gelenkt hatte und dass deshalb sein Gaumen es geradezu »verlernt« habe, wie gut ein simples Butterbrot schmecken kann. Danach eröffnete er das Buffet, und wir probierten gemeinsam all die unterschiedlichen Brot- und Buttersorten. Es war herrlich und schmeckte wirklich wunderbar – es fehlte uns an nichts.

Auf diesem Fest kam die selbst gemachte Butter meiner Schwester Michaela besonders gut an. Fünf Sommer in Folge verbrachte sie, in Gesellschaft von Kühen, Kälbern, Schweinen und einer Handvoll Hühner, auf einer Alm oberhalb des Tegernsees, unser beider Heimat. Sie versorgte die Tiere und verarbeitete einen Teil der gewonnenen Milch ihrer Kühe gleich vor Ort zu Butter und Käse. Ich besuchte sie oft in jener Zeit, und manchmal blieb ich auch über Nacht, um ihr am Morgen bei der Stallarbeit ein bisschen zur Hand zu gehen.

Das Buttern von Hand, dazu benutzte Michaela ein kleines Holzfass, das mit einer Handkurbel betrieben wurde, ist harte Arbeit. Es dauert ziemlich lange und braucht viel Muskelkraft, bis die Sahne im Fass eine feste Konsistenz bekommt. Ist es endlich so weit, werden die Butterklumpen portionsweise in traditionelle »Holzmodel« gepresst. Diese »Model« sind kleine Behältnisse aus Holz, in deren Boden alpenländische Motive – wie zum Beispiel ein Enzian, eine Silberdistel oder eine Kuhglocke – geschnitzt sind, die den Butterstücken nach dem Stürzen zu einem hübschen Aussehen verhelfen (siehe Foto Marmor-Guglhupf, S. 189). Die verzierte Butter wickelte Michaela einzeln in Folie und verstaute sie anschließend in dem kleinen, kühlen Kellerloch unterhalb ihrer Hütte, damit sie über die Sommermonate hinweg nicht verdarb.

Auf der Weide, auf der Michaelas Kühe grasten, wuchsen neben dem Wildbach, der das Grasland durchschnitt, ganz bestimmte Pflanzen und Bergkräuter, die der Milch und damit auch der Butter einen ganz besonderen, sehr frischen Geschmack verliehen. Etwas weiter oberhalb des Almbodens, auf dem meine Schwester lebte und arbeitete, befand sich eine weitere Alm, die von einem jungen Mann bewirtschaftet wurde. Die Butter seiner Kühe schmeckte vollkommen anders und hatte auch eine gänzlich andere Farbe. Während Michaelas Butter schneeweiß leuchtete und ganz fein nach klarem Wasser und Brunnenkresse schmeckte, schimmerte die Butter ihres Kollegen in einem milden Cremeweiß und hatte eine kräftige, fast schon erdige Note im Geschmack.

DAS SOLLTEST DU WISSEN

In früheren Zeiten gab es in der Regel nur drei bis fünf unterschiedliche Brotsorten, die von den Bäckern hierzulande gebacken wurden. Heutzutage gibt es landesweit in etwa 60 Sorten zur Auswahl.

Butter, die wir im Supermarkt kaufen, hat in der Regel keinen starken Eigengeschmack mehr; die Almbutter meiner Schwester war für mich in dieser Hinsicht eine regelrechte Offenbarung. Auch wenn es schwierig ist, an wirklich frische Butter heranzukommen – es sei denn, man hat eine Sennerin zur Schwester –, kann ich nur empfehlen, einmal komplett das heimische Buttersortiment zu verkosten, denn es gibt dennoch, so konnte ich im Eigenversuch feststellen, feine Unterschiede im Geschmack. Wenn wir dann noch zusätzlich darauf achten, dass die Butter, die auf unserem Brot landet, aus Bio-Milch hergestellt wurde, dann kommen wir einer echten Almbutter zumindest ein Stückchen näher.

MARMOR-GUGLHUPF MIT SALZIGEN BUTTER-STREUSELN

VEGETARISCH

Was gibt es Besseres als Marmorkuchen an einem kalten Winternachmittag, wenn es draußen dicke Flocken schneit? Für viele Menschen ist der Marmorkuchen zudem fester Bestandteil schöner Kindheitserinnerungen voller Geborgenheit und Wärme. Obwohl Kakao nicht zu den Produkten zählt, die hierzulande angebaut werden, darf ich dir dieses Rezept aus den eben genannten Gründen einfach nicht vorenthalten. Der Clou dabei sind die salzigen Streusel, die nach dem Backen quasi den Boden des Guglhupfs bilden. Die Idee mit den Streuseln habe ich bei Toni »geklaut«, meinem absoluten Lieblingszuckerbäcker und Betreiber eines winzigen Cafés in München, nahe dem Viktualienmarkt. Toni verwendet allerdings Vanillezucker statt Salz; der leicht salzige Geschmack harmoniert meines Erachtens aber super mit dem herben Geschmack der Schokolade im Kuchen. Am wichtigsten ist Toni jedoch die Butter, die er für seine Kuchen verwendet: Nur die beste Butter ist ihm gut genug, denn nur dann schmecken seine süßen Verführungen wie der sprichwörtliche Himmel auf Erden – darauf schwört er! Achte also beim Einkaufen immer, natürlich nicht nur in Sachen Butter, auf beste Bioqualität.

Du kannst deinen Guglhupf natürlich auch mit herkömmlichem Zucker bzw. Birken- oder Rübenzucker backen, denn mit Honig wird er weniger süß.

DAS SOLLTEST DU WISSEN

Bienen benötigen für ein Glas Honig (500 g) ca. zwei Millionen Blüten! Heutzutage wird Honig vor allem in Amerika, aber auch hierzulande, oft in großem Stil mit billigem Sirup, vorwiegend aus Mais oder Zuckerrohr, gestreckt. Honig von heimischen Imkern hingegen wird weder gestreckt noch mit Honigsorten aus anderen Ländern vermischt.

ZUBEREITUNGSZEIT:

ca. 35 Minuten
+ 60 Minuten Kühlzeit für die Streusel
+ ca. 60 Minuten Backzeit
+ 30 Minuten Abkühlzeit

ZUTATEN

Für die Streusel
150 g zimmerwarme Butter
180 g Mehl
50 g Zucker
¼ TL Salz

Für den hellen Teig
300 g zimmerwarme Butter
5 Eier (L)
300 g Honig
400 g Weizenmehl (Type 405)
1 Päckchen Backpulver (ca. 10 g)

$1/8$ l Milch (egal, ob Vollmilch oder fettarm)

Für den dunklen Teig
3 EL dunkles Kakaopulver
2 EL Milch

und etwas Puderzucker zum Bestäuben

AUSSERDEM: große und 3 mittelgroße Schüsseln, Rührgerät, feinmaschiges Sieb, Guglhupfform, etwas weiche Butter und Mehl zum Einfetten und Ausstäuben der Kuchenform, Gummispatel, Gabel, Holzstäbchen für die Stäbchenprobe

ZUBEREITUNG

Zuerst die Streusel zubereiten, weil sie bis zum Backen 60 Minuten kalt gestellt werden müssen. Dafür alle Zutaten für die Streusel in eine mittelgroße Schüssel geben und mit den – gewaschenen – Händen zu groben Streuseln kneten. Abgedeckt in den Kühlschrank stellen. Streusel müssen eiskalt sein, sonst würde der Teig beim Backen im Ofen verlaufen.

30 Minuten bevor die Streusel aus dem Kühlschrank genommen werden, mit der Zubereitung des Kuchenteigs beginnen. Für den hellen Teig die weiche Butter in eine große Schüssel geben und mit dem Rührgerät zu einer cremigen Masse verrühren. Nach und nach einzeln die Eier zugeben und immer wieder gut verrühren. Dann den Honig unterrühren.

Mehl und Backpulver in eine mittelgroße Schüssel geben und vermengen. In ein feinmaschiges Sieb geben und nach und nach, und unter ständigem Rühren, in die Butter-Ei-Honig-Masse sieben. Nach der Hälfte die Milch zugeben, dann den Rest des Mehls dazusieben und unterrühren. Den Backofen auf 180 Grad Ober-/ Unterhitze oder ca. 160 Grad Umluft vorheizen.

Für den dunklen Teig Kakaopulver und Milch in eine mittelgroße Schüssel geben. Die Hälfte vom hellen Teig zugeben und alles zusammen mit dem Rührgerät gut verrühren.

Die Guglhupfform einfetten und mit Mehl ausstäuben. Hellen und dunklen Teig abwechselnd nebeneinander, ca. zwei Drittel hoch, in die Form setzen. Anschließend die Zinken einer Gabel durch den Teig ziehen, damit sich heller und dunkler Teig leicht vermischen und später die charakteristischen Muster im Marmorkuchen bilden.

Die Streusel aus dem Kühlschrank nehmen und gleichmäßig auf dem Teig in der Form verteilen. Auf mittlerer Schiene ca. 60 Minuten im Ofen backen. Stäbchenprobe machen – klebt Teig am Holz des Stäbchens, braucht der Kuchen noch etwas länger.

Den fertigen Kuchen aus dem Backrohr nehmen und ca. 30 Minuten in der Form auskühlen lassen, dann erst auf eine Kuchenplatte oder auf einen Teller stürzen. Die salzigen Butterstreusel bilden jetzt den leckeren Boden des Marmor-Guglhupfs.

DAS SOLLTEST DU WISSEN

In letzter Zeit hört man immer wieder kritische Stimmen, die eindringlich dazu aufrufen, die Fluoridzufuhr, die wir unserem Körper angedeihen lassen, einzuschränken. Und tatsächlich empfiehlt die Deutsche Gesellschaft für Ernährung (DGE), dass Frauen nicht mehr als 3,1 Milligramm und Männer höchstens 3,9 Milligramm dieses Spurenelements pro Tag zu sich nehmen. Da Fluorid zum Beispiel in Zahnpasta oder im Leitungswasser zu finden ist, ist es besser, Salz ohne zusätzlich beigefügtes Fluorid zu kaufen, um nicht zu viel dieses Minerals aufzunehmen.

Reines, naturbelassenes Salz ist klumpig und von der Farbe eher zartgrau als weiß. Sogenannte »Aufheller« und »Rieselhilfen« bewirken, dass das Salz weiß wird und sich leichter streuen lässt. Manche dieser Zusätze gelten als unbedenklich, andere wiederum werden von der Verbraucherzentrale mittlerweile als bedenklich eingestuft.

DAGMARS LINZER TORTE

VEGETARISCH

Dieses Buch ist meiner Freundin Dagmar gewidmet, die ich eingangs bereits ausführlicher vorgestellt habe. Dagmar weiß nicht nur besonders viel über Nachhaltigkeit und Ökologie, sie bäckt auch die weltbeste Linzer Torte. Kein Wunder, ist sie doch eine waschechte Österreicherin. Ihr Trick: gemahlene Mandeln und gemahlene Haselnüsse in untenstehendem Mischungsverhältnis – und in weit größerer Menge als in herkömmlichen Rezepten. Traditionell wird Linzer Torte mit Himbeerkonfitüre gebacken, aber Dagmar und ich schwören auf unsere selbst gemachte Mirabellenmarmelade von Dagmars Mirabellenbaum im heimischen Garten.

ZUBEREITUNGSZEIT:
ca. 25 Minuten
+ 60 Minuten Kühlzeit für den Teig
+ ca. 45–50 Minuten Backzeit
+ 60 Minuten Abkühlzeit

ZUTATEN
Für den Teig
250 g kalte Butter, in kleine Stücke geschnitten
200 g Zucker
1 Päckchen Vanillezucker (à 8 g)
200 g gemahlene Mandeln
100 g gemahlene Haselnüsse – falls du eine Haselnussallergie hast, dann nimm stattdessen einfach 300 g gemahlene Mandeln
1 kaltes Ei (L) – direkt aus dem Kühlschrank
1 Prise Salz
1 Msp. Nelkenpulver
1 TL Zimtpulver

Für die Füllung
ca. 250 g säuerliche Marmelade nach Wahl, beispielsweise Mirabellen- oder Aprikosenmarmelade bzw. Johannisbeergelee oder Himbeerkonfitüre

AUSSERDEM: große Schüssel, evtl. Rührgerät mit Knethaken, Frischhaltefolie, Springform (28 cm Durchmesser), Butter zum Einfetten der Form, Mehl zum Ausstäuben der Form und Bestäuben der Arbeitsfläche, Nudelholz

~~~~~~~~~~~~~~~~

ZUBEREITUNG
Alle Zutaten für den Teig in eine große Schüssel geben und rasch, aber dennoch sorgfältig zu einem glatten Teigball verkneten. Das geht am besten mit – gewaschenen – Händen, du kannst aber auch ein Rührgerät mit Knethaken verwenden. Wichtig ist, dass du den Teig rasch herstellst, denn Butter und Ei sollten sich möglichst nicht »erwärmen«, sonst wird der Teig später beim Weiterverarbeiten brüchig und krümelig. Zu langes Kneten kann den Teig aber auch zäh werden lassen, dann ist der Kuchen später schlichtweg zu hart und eben nicht »mürbe«.

Den Teigball in Frischhaltefolie wickeln und für 60 Minuten in den Kühlschrank legen.

Nach der Kühlzeit den Teigball aus dem Kühlschrank nehmen.

Den Backofen auf 180 Ober-/Unterhitze bzw. ca. 160 Grad Umluft vorheizen.

Ein Drittel vom Teig abschneiden und kurz beiseitelegen. Eine Springform mit Butter einfetten und leicht mit Mehl ausstäuben. Die verbliebenen zwei Drittel des Teigs gleichmäßig auf dem Boden der Form verteilen. Dabei einen ca. 1 cm hohen Rand bilden.

Die Marmelade nach Wahl großzügig auf dem Teigboden ausstreichen, sodass der Teig nicht mehr durchscheint.

Die Arbeitsfläche leicht mit Mehl bestäuben und den restlichen Teig darauf ca. 0,5 cm dick ausrollen. Anschließend in Streifen schneiden und die Streifen gitterförmig auf den Kuchen legen.

Auf mittlerer Schiene im Ofen ca. 45–50 Minuten backen, bis die Teigstreifen auf der Oberfläche eine goldbraune Farbe angenommen haben.

Den Kuchen aus dem Ofen nehmen und in der Form komplett auskühlen lassen.

TIPP: Linzer Torte schmeckt besonders gut, wenn man sie ein paar Tage lang an einem luftdichten Ort »durchziehen« lässt. Ich verpacke den abgekühlten Kuchen noch in der Form immer komplett in Frischhaltefolie und stelle ihn an einen kühlen Ort.

Noch ein Wort zum Gitter. Ich bin keine gelernte Konditorin, und das sieht man meiner Linzer Torte auch an. Trotzdem habe ich darauf bestanden, hier mein eigenes Foto zu nehmen und nicht auf das Profibild eines Food-Fotografen zurückzugreifen, denn meistens geraten Rezepte aus Kochbüchern nicht so perfekt wie auf den Hochglanzseiten. Nicht perfekt zu sein, hat durchaus Charme – nicht nur bei Linzer Torten!

WÜRSTCHEN MIT TRADITIONELLEM »WEIHNACHTS-KARTOFFELSALAT«

GLUTENFREI

An Weihnachten steht in vielen Familien traditionell eine Gans auf dem Speiseplan, aber an Heiligabend gibt es meist »nur« etwas Schlichtes, in meiner Familie waren das Würstchen mit Kartoffelsalat. Noch heute lieben meine Schwester und ich dieses einfache Essen, das in unserer Kindheit stets ein Zeichen dafür war, dass die Bescherung nicht mehr lange auf sich warten ließ. Direkt nach dem Essen stand unser Vater immer unter einem fadenscheinigen Vorwand auf, und bald darauf hörten wir aus dem Wohnzimmer das leise Bimmeln des Glöckchens – das Christkind war da!

In unserer Familie gibt es bis heute zu den heißen Wiener Würstchen unseren sogenannten »Weihnachts-Kartoffelsalat«, der von unserer Mutter tatsächlich ausschließlich an Heiligabend serviert wird. Wir freuen uns das ganze Jahr darauf. Das ungewöhnliche Rezept stammt von ihrer eigenen Mutter, unserer Hamburger Großmutter, und soll schon seit Generationen im Umlauf sein.

ZUBEREITUNGSZEIT:
ca. 40 Minuten
+ insgesamt ca. 75 Minuten Ziehzeit
(am besten aber schon ein paar Stunden vorher zubereiten, dann kann der Salat richtig gut durchziehen)

ZUTATEN
Für den Kartoffelsalat (zum Sattessen)
1 mittelgroße rote Zwiebel, geschält und fein geschnitten
1 Prise Salz
1,5 kg festkochende Kartoffeln (halte nach guten, alten Sorten Ausschau, denn je schmackhafter die Kartoffeln, desto besser schmeckt auch der Salat), gewaschen, mit der Schale gar gekocht und leicht abgekühlt
ca. 200–250 ml heiße Gemüsebrühe
1 Glas gekochte, in Scheiben geschnittene Rote Bete (330 g), abgetropft und in kleine Würfel geschnitten
4–5 Cornichons (das sind kleine, eingelegte Essiggurken), abgetropft und in kleine Würfel geschnitten
1 großer, säuerlicher Apfel, gewaschen, vom Kerngehäuse befreit und in kleine Stücke geschnitten
100 g gehobelte Haselnüsse (bekommst du in der Backwarenabteilung deines Supermarktes), trocken in der Pfanne geröstet
2–3 EL Weißweinessig – wahlweise Apfelessig
2–3 EL Rapsöl – wahlweise Distel- oder Sonnenblumenöl
Salz und frisch gemahlener Pfeffer

Für die Würstchen

ca. 1 Paar (= 2 Stück) Wiener Würstchen pro Person – wahlweise Debrecziner

AUSSERDEM: große Salatschüssel, kleine Schüssel, kleine beschichtete Pfanne, mittelgroßer Topf

~~~~~~~~~~~~~~~~~~~~~~~~~~

ZUBEREITUNG

Zuerst den Salat zubereiten. Das kannst du auch schon am Vortag machen, denn je länger der Kartoffelsalat durchzieht, desto besser schmeckt er. Die noch warmen, gekochten Kartoffeln pellen, in Scheiben schneiden und in eine große Salatschüssel geben.

Die Zwiebelwürfelchen in eine kleine Schüssel geben. Eine Prise Salz zugeben und vermengen. Ca. 15 Minuten ziehen lassen.

Die Zwiebeln zu den Kartoffeln geben und alles mit heißer Gemüsebrühe übergießen. Ca. 30 Minuten ziehen lassen. Danach Rote Bete, Cornichons und Apfel zugeben und unterrühren.

Eine kleine beschichtete Pfanne trocken, also ohne Inhalt, auf dem Herd erhitzen. Die gehobelten Haselnüsse zugeben und unter mehrmaligem Schwenken ca. 2–3 Minuten anrösten. Zum Kartoffelsalat geben und unterrühren.

Zum Abschluss Weißweinessig und Rapsöl unterrühren und mit Salz und Pfeffer abschmecken. Mindestens 30 Minuten,

wenn möglich länger (über Nacht), durchziehen lassen.

Für die Würstchen reichlich Wasser in einem mittelgroßen Topf zum Simmern bringen, dann die Hitze auf kleine Flamme reduzieren und die Würstchen einlegen. Die Würstchen bei geschlossenem Deckel ca. 8 Minuten im heißen Wasser ziehen lassen.

Zum Servieren Würstchen und Kartoffelsalat portionsweise auf flache Teller legen.

WEIHNACHTEN

Weihnachten ist nicht nur ein hohes Kirchenfest, sondern auch ein wichtiges Familienfest – in jeder Familie leben an Heiligabend und den darauffolgenden Weihnachtsfeiertagen ganz individuelle Traditionen wieder auf, die seit Generationen weitergegeben werden.

Um Jesu Geburtstag ranken sich viele Bräuche und Riten, obwohl man eigentlich gar nicht so genau weiß, wann genau der Sohn Gottes wirklich geboren wurde. Bis in das Jahr 325 feierte man sein Wiegenfest traditionell am 6. Januar, dann verlegte die Kirche das Fest auf den 25. Dezember. Der 24. Dezember, der hier groß gefeiert wird, ist also der Vorabend seines eigentlichen Geburtstags.

Die Wurzeln vieler Weihnachtsbräuche reichen weit in vorchristliche Zeit zurück. So öffnet sich in der Nacht vom 24. auf den 25. Dezember seit jeher auch das Tor zur Geisterwelt und entfesselt für die folgenden zwölf Nächte (bis Heiligdreikönig am 6. Januar) die sogenannte »Wilde Jagd«, bei der Hexen, Geister und Dämonen in der Menschenwelt auf die Pirsch gehen, um ihr Unwesen zu treiben.

Für die Christen ist Heiligabend seit jeher ein hoher kirchlicher Fastentag, an dem früher lediglich Dörrobst und Früchtebrot gegessen wurde. In manchen Familien erinnern die traditionellen Würstchen mit Kartoffelsalat (siehe S. 195) noch an die schmale Kost von damals. Erst nach der Christmette um Mitternacht gab es früher ein Festmahl mit Schlachtplatte und dicken Würsten, das bis in die frühen Morgenstunden dauerte. Dafür wurde am 22. Dezember extra die »Mettensau« geschlachtet.

Heutzutage halten sich die meisten lieber an die traditionelle Weihnachtsgans am ersten Weihnachtsfeiertag. Das Schlachten eines Schweins geht übrigens auf einen alten germanischen Brauch zurück. Die Germanen hielten zur Wintersonnwende (21. Dezember) stets einen Festschmaus zu Ehren Freyrs, des Gottes der Fruchtbarkeit, ab, wobei eine große gebratene Wildsau nicht fehlen durfte.

Den festlich geschmückten Tannenbaum gibt es erst seit Anfang des 15. Jahrhunderts. Wie wir ihn heute kennen, sprich aufrecht stehend, gibt es ihn erst seit der viktorianischen Zeit um die Wende vom 19. zum 20. Jahrhundert. Davor hing er kopfüber von der Decke. Äpfel und Strohsterne waren meist der einzige Schmuck an den Zweigen. Strohsterne symbolisierten für die Menschen damals, wie die leckeren Zimtsterne auch, das fehlende Licht in der dunklen Jahreszeit, und der Apfel sollte an den »Unglücksapfel« erinnern, der Adam und Eva im Paradies zum Verhängnis wurde.

Süßes Gebäck in Form von Plätzchen und Stollen wurde bei uns zu Hause zwar in der Adventszeit zuhauf gebacken, kam aber immer erst an den Feiertagen auf den Tisch. Ich kann mich noch lebhaft daran erinnern, wie meine Schwester und ich uns heimlich in den Keller stahlen, um aus den aufgetürmten Blechkisten das ein oder andere Plätzchen zu stibitzen.

Die Weihnachtsfeiertage sind traditionell Tage der Fülle und des Schlemmens, aber die vier Wochen davor, sprich die Adventszeit, wurden früher vor allem für den inneren Rückzug und für die spirituelle Vorbereitung auf die Geburt Christi genutzt. Es wurde gefastet und gebetet.

In unseren modernen Zeiten ist davon nicht mehr viel zu spüren. Die Adventszeit ist die Hochzeit des Weihnachtsgeschäfts, und die meisten von uns hetzen regelrecht durch diese »stille und besinnliche Zeit«, um letztendlich an Heiligabend vollkommen erschöpft unter dem Weihnachtsbaum zu landen. Wir können uns aber ganz bewusst gegen den »Mainstream« entscheiden, indem wir in diesen vier Wochen in jeglicher Hinsicht weniger konsumieren. Gelegentliches Fasten reinigt den Körper, und der meditative Rückzug in die Stille entspannt Herz und Seele.

MEINE LIEBLINGS-WEIHNACHTSPLÄTZ-CHEN: SÜSSE KNÖPFE

VEGETARISCH

In schlichtweg jeder Familie, das behaupte ich jetzt einfach mal, kursieren alte, überlieferte Rezepte für leckeres Weihnachtsgebäck – und nichts, absolut gar nichts geht bei den meisten von uns über die selbst gemachten Plätzchen von Mama. So ist es auch bei meiner Familie. Muttis Plätzchen sind Kult, und am liebsten mögen wir ihre Süßen Knöpfe, die übrigens nicht wirklich süß sind, denn sie enthalten relativ wenig Zucker. Meine Mutter hat das Rezept von ihrer besten Freundin Gabi bekommen, die leider mittlerweile verstorben ist. Als ich und meine Schwester noch klein waren, standen die beiden in der Adventszeit wochenlang nebeneinander in der Küche, um zu backen. Die Süßen Knöpfe bildeten jedes Jahr den krönenden Abschluss eines wahren Backmarathons.

Ich bin übrigens, anders als meine Mutter und vor allem auch als meine Schwester, deren Backkunst mittlerweile der eines Profis gleichkommt, eine sehr ungeduldige Zuckerbäckerin. Da kommt mir dieses einfache Rezept, bei dem man keine ausgeprägte Fingerfertigkeit braucht, gerade recht.

ZUBEREITUNGSZEIT:
ca. 60 Minuten
+ 60 Minuten Kühlzeit für den Teig

ZUTATEN

<u>Für den Teig</u>
300 g Weizenmehl (Type 405)
220 g kalte Butter
3 kalte Eigelb (M) – direkt aus dem Kühlschrank
2 Päckchen Vanillezucker (à 8 g)
40 g Zucker

<u>Für die Füllung</u>
Johannisbeergelee oder Himbeerkonfitüre

AUSSERDEM: große Schüssel, evtl.
Rührgerät mit Knethaken – ich persönlich
knete lieber mit den Händen –, Frisch-
haltefolie, 2 Backbleche, Backpapier,
Holzkochlöffel, luftdichte Behälter bzw.
Dosen zum Aufbewahren

~~~~~~~~~~~~~~~~~~~~~~~~~~~~~

ZUBEREITUNG

Das Mehl in eine große Schüssel geben.
Die kalte Butter in kleine Stücke schneiden und zum Mehl geben. Zusammen
mit Eigelben, Vanillezucker und Zucker
rasch zu einem festen Teig kneten. Ich
nehme dazu grundsätzlich meine – gewaschenen – Hände, du kannst den Teig
aber genauso gut mit den Knethaken
eines Rührgeräts oder in einer Küchenmaschine herstellen. Wichtig ist, dass du
nicht zu lange knetest, sonst fallen dir die
Plätzchen nach dem Backen auseinander.
Den Teig zu einen Ball formen, in Frischhaltefolie einschlagen und für 60 Minuten in den Kühlschrank legen.

Nach 60 Minuten den Teig aus dem
Kühlschrank nehmen. Den Backofen auf
180 Grad Ober-/Unterhitze bzw.
ca. 150 Grad Umluft vorheizen.
Ein Backblech mit Backpapier auslegen.
Kleine Stückchen aus dem Teigball rupfen
und daraus rasch kleine Bällchen mit
ca. 1,5 cm Durchmesser rollen. Die
Bällchen mit kleinem Abstand gleichmäßig auf dem Blech verteilen.
Mit dem Stielende eines Holzkochlöffels
kleine Mulden in die Teigbällchen ste-
chen. Die Mulden mit Johannisbeergelee
füllen. Die »Süßen Knöpfe« ca. 15 Minuten auf mittlerer Schiene im Ofen backen.
Während das erste Blech im Backrohr ist,
das zweite Blech vorbereiten. So lange
weitermachen, bis der Teig aufgebraucht
ist.
Die fertigen »Knöpfe« auskühlen lassen,
dann zur Aufbewahrung in luftdichte
Behälter füllen. So halten sie sich ein paar
Wochen lang.

TIPP: Statt herkömmlichem Zucker
kannst du zum Beispiel auch insgesamt
ca. 50 g Birkenzucker verwenden; den
Vanillezucker dann durch Vanilleextrakt
ersetzen.

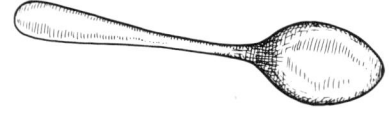

WINTERMARMELADE: APFELQUITTENGELEE

VEGETARISCH/GLUTENFREI

Die Quitte stammt ursprünglich aus wärmeren Gefilden, wird aber auch hierzulande angebaut. Sie taucht eher selten im regulären Handel auf, ist aber mitunter auf Bauernmärkten zu finden. Man unterscheidet der Form halber zwischen der Apfelquitte und der Birnenquitte (weltweit gibt es bis zu 200 unterschiedliche Sorten), wobei Erstere zwar wesentlich härter als ihre Anverwandte ist, aber auch deutlich aromatischer schmeckt.

ZUBEREITUNGSZEIT:
ca. 75 Minuten

ZUTATEN (FÜR 8–10 GLÄSER)
1,2 kg Apfelquitten (Nettogewicht), die Schalen mithilfe eines sauberen Küchentuchs abgerieben (so wird der feine, haarige Flaum entfernt), gewaschen und in mundgerechte Stücke geschnitten
1 kg säuerliche Äpfel (Nettogewicht) (z.B. Braeburn oder Elstar), geschält, vom Kerngehäuse befreit und in Spalten oder Stücke geschnitten
Saft von 1 Zitrone
1 kg Gelierzucker für Gelee

WICHTIG: Bevor du mit dem Einkochen beginnst, bereite deine Einmachgläser vor, indem du sie in kochendem Wasser sterilisierst (siehe **TIPP** auf S. 76).

AUSSERDEM: großer Topf, grobmaschiges Sieb, saubere Küchentücher, Kochlöffel, große Schüssel, Schaumkelle, Marmeladentrichter, Schöpfkelle, ausreichend sterile Gläser mit Schraubverschluss

ZUBEREITUNG
Apfelquitten und Äpfel in einen großen Topf geben und so viel Wasser zugeben, dass die Früchte gerade bedeckt sind. Zum Kochen bringen und ca. 35–40 Minuten bei halb geschlossenem Deckel auf mittlerer Flamme köcheln lassen, bis auch die Quittenstücke weich sind.
Den Topf vom Herd nehmen und die Fruchtmasse auskühlen lassen.
Ein grobmaschiges Sieb mit einem sauberen Küchentuch auslegen und die Fruchtmasse mithilfe eines Kochlöffels in eine große Schüssel durchdrücken, sodass nur der reine Saft in der Schüssel landet.
Den Saft zurück in den großen Topf gießen. Zitronensaft und Gelierzucker zugeben und gut unterrühren. Die Masse zum Kochen bringen und anschließend 4–5 Minuten unter ständigem Rühren auf mittlerer Flamme köcheln lassen. Schaum bei Bedarf mit einer Schaumkelle abschöpfen.
Das flüssige Gelee mit einem Marmeladentrichter und einer Schöpfkelle in die vorbereiteten, sterilen Gläser füllen. Die Gläser sofort 5 Minuten kopfüber stellen, damit sich ein Vakuum bilden kann.

DAS SOLLTEST DU ZUM SCHLUSS NOCH WISSEN

Es gibt viele Möglichkeiten, um die Welt im Kleinen zu retten. Der bewusste Umgang mit Lebensmitteln nimmt meines Erachtens aber einen besonders großen Stellenwert ein – für die Erde und für unseren Körper (und damit unsere Gesundheit). Das ist der Grund, warum »die Rettung der Welt in der Küche beginnt«, denn die Produktion von Lebensmitteln, die wir später verkochen, ist einer der weltweit wichtigsten Wirtschaftszweige überhaupt. Unser Körper, ebenso wie die Körper von Milliarden anderer Menschen auch, kann sich nicht von alleine ernähren, wir müssen ihn füttern und dafür sorgen, dass er gut versorgt wird. Wir brauchen also Lebensmittel, um im wahrsten Sinne des Wortes zu überleben.

Das Wissen darüber, wie und wo unsere Lebensmittel hergestellt werden, ist wichtig, damit wir bewusster mit der Natur und ihren Ressourcen umgehen können. Nur so sorgen wir auch gut für einen anderen, um ein Vielfaches größeren Körper: unseren Planeten. Wir müssen wissen, welche und wie viel Energie es braucht, um bestimmte Produkte herzustellen, um dann persönlich zu entscheiden, ob wir diese spezielle Herstellungsweise unterstützen möchten oder nicht. Wir sollten uns darüber informieren, wie mit den Menschen umgegangen wird, die

für unser Wohlergehen säen, anbauen und ernten. Wie sind deren Arbeitsbedingungen, und wie viel Lohn bekommen sie? Und wir müssen um die Behandlung und Haltung von Tieren, die ihr Leben geben, um unseren eigenen Körper am Leben zu erhalten, Bescheid wissen, bevor wir guten Gewissens ein Stück Fleisch in der Pfanne braten.

Zum Abschluss dieses Buches, das dir als Anregung dienen soll, dich selbst auf die Suche nach Informationen rund ums bewusste Essen und Kochen zu machen, gebe ich dir noch ein paar Fakten mit auf den Weg, die mich persönlich, als ich sie zum ersten Mal hörte, erst so richtig zum Nachdenken brachten. Sie waren, neben meinem »Avocado-Schock« (siehe S. 17), Auslöser für dieses Buch.

WISSENSWERTES

- Ein großer Supermarkt produziert in der Regel mehrere hundert Tonnen Abfall im Jahr, darunter sind viele Lebensmittel, bei denen das Haltbarkeitsdatum noch nicht abgelaufen ist.
- Die riesige Müllproduktion hat zur Folge, dass auch jene Energie, die für die Arbeitskraft bei Anbau, Ernte, evtl. Weiterverarbeitung und Transport verbraucht wird, unnötig verschwendet wird.

- In der EU werden jedes Jahr 90 Millionen Tonnen Lebensmittel als Abfall deklariert und entsorgt.
- Verrottende Lebensmittel auf Müllhalden produzieren das Klimagas Methan, das dafür verantwortlich ist, dass die schützende Ozonschicht, die unsere Erde umgibt, zerstört wird.
- Mit dem Essen, das wir alleine in Europa und Nordamerika im Jahr wegwerfen, könnten alle hungernden Menschen der Welt dreimal satt werden!

ALPHABETISCHES REZEPTREGISTER

DANKE

Ich danke allen Köchen und Köchinnen, mit denen ich im Laufe der Jahre schon die Ehre hatte, zusammenzuarbeiten und vor allem kochen zu dürfen. Allen voran Beth Baker, Mary Capello, Edward Espe Brown, Carsten Roennicke, Markus Bischoff, Pinka Kuijpers und den Köchen und Köchinnen von Spirit Rock, Green Gulch und Monte Sahaja. Ihr seid meine Freunde und meine Inspiration.

Susanne Seethaler

KOCHEN
WIE EIN
BUDDHA

Das Achtsamkeits-Kochbuch mit Übungen,
Geschichten und vegetarischen und veganen Rezepten

Das neue lifestylige Kochbuch zum Thema Achtsamkeit in der Küche, mit ca. 35 vegetarischen und veganen Rezepten.
Viele Menschen sehnen sich danach, sich wieder mehr spüren, authentischer zu leben, zur Ruhe zu kommen und den Alltag zu entschleunigen, ohne sich dafür extra auf eine einsame Hütte zurückziehen zu müssen. Das Üben von Achtsamkeit beim Kochen ermöglicht es ohne großen Aufwand, entspannt und gelassen, sowohl geistig als auch körperlich, ins Hier und Jetzt zurückzukommen – und nicht nur das Essen, sondern auch den Augenblick zu genießen.
Basierend auf der langjährigen Erfahrung der Autorin als Leiterin von Achtsamkeitskochkursen und Seminarköchin in buddhistischen Häusern werden gängige Achtsamkeitsübungen und Meditationen rund ums Kochen und Genießen vorgestellt und spielerisch eingeübt – gespickt mit Erfahrungen, Übungen und Geschichten aus der Welt des achtsamen Essens und Trinkens.